這樣拜不會錯

解答50個拜拜常見疑難雜症

王品豊 著

暢銷書《這樣拜才有效》作者，教您越拜越靈最新力作

求神相助不出錯！拜拜前必看的第一本書！

奉香拜了這麼久，您還是疑惑為何拜拜要有方法，不按照這些規矩來做行不行？順序拜錯、敬品準備不夠、向神明稟報時說錯，會不會有不良影響或反效果？

- 拜拜一定要燒金紙？燒越多越有效嗎？
- 廟裡不准燒金紙該怎麼辦？可以帶回家燒嗎？
- 請求神明指示，要以一個聖筊還是三個聖筊才準？
- 一直擲不到聖筊，是不是神明不想理我？
- 老師說每個人都有引導神，是不是找越多引導神越好？

本書以QA問答方式，為您解答拜拜時最常發生的50個問題，並以實際故事為例，為您解除心頭疑惑、釐清錯誤觀念，讓您拜拜時不再忐忑不安，助您拜得有效，拜得心安，越拜越靈！

作者序

拜神，目標明確，信受奉行，必能隨心滿願！

有宗教信仰的人喜歡拜神，拜神可以是一種寄託、一種無求、一種心靈的假借圓滿。有的人拜神是為祈求神力代為處理己力未逮之事，有的人拜神希望求得大神通，擁有一般人欠缺的天眼通，以求與眾不同……同樣都是舉香達意，但每個人內在的冀求不同，因此也衍生出不同的宗教價值觀。

筆者自二〇一〇年撰寫《這樣拜才有效》、《這樣拜才有錢》、《好神引導，一拜見效》、《這樣拜土地公才有效》、《這樣拜才有出頭天》至今，受到廣大讀者的迴響，透過各種管道所得到的詢問信函千以萬計，信函內容不乏上述內容總集，足見許多人對於拜神除了抱有不同想像之外，有志一同的是對神力的寄託與信仰，而筆者也很慶幸在此一時機，因緣際會推出這一系列的書籍，能夠發揚神威惠濟普羅。

在此一期間，筆者也有緣面見某些讀友，他們一手帶著我的書，一手拿著自己的讀後筆記，兩者幾乎等量齊高讓人感動莫名。他們都有一些共同之處：拜了很多年之後，不禁懷疑為何運勢越走越沉?站在該繼續拜或者放棄的十字路口，揹著過去既有的教條，與我書上的某些理論撞擊後，產生混淆不清、糾結拉扯的意志矛盾；或者按書所述照表操課如實滿願，渴求更上一層樓的冀望；當然也有想說禪論道，祈求成仙成佛或是開天眼指點等等……

在這裡先引用一位朋友發表的短文：「……很多人修行、練功都害怕走火入魔，老師說一句：『你本是魔，還怕走火入魔？』詮釋得眞好，人本來就具備許多質：神性、佛性、魔性、鬼魅魍魎性、獸性……所以才為人。不能因為大家都正視神性、佛性的教化而忽略了原本的魔性、鬼魅魍魎性、獸性，同時具備平衡所有的質，用單純的心去面對每個性質的自己，才能創造完整的佛性。」

簡短百字存在著大部分人對宗教的既有看法：修行、佛、魔、面對……這些根深蒂固的觀念，如果要一一釐清又可以洋洋灑灑寫一本書，他是從修行的觀點看人生，所以，我用修行的角度回答他：「不入佛即無魔，不入魔即無佛，不思不議即爲道，是故道法自然，人身不易守眞惟妙。」

人們常常會把現在的不如意，歸咎於業力拉扯的的結果，不管你是否曾經在一件事上眞的努力過，最後當你要爲你的失敗找理由時，受到修行者的導引，似懂非懂的接受了「業力說」，於是引導業力說的人便要你開始「修」，既然找到破業力的方法，所以很多人就開始去「修」：念經、打坐、跑佛寺廟宇，一跑經年慢慢的你滿腦子都是「修」，修仙修佛修成正果……這時「佛」與「魔」的對立關係逐漸形成你的思考核心，爲了擔心不要「走火入魔」，於是你小心翼翼的維繫著，恭敬謹慎不敢怠忽的膜拜念誦，生怕一不小心就走火入魔毀於一旦。

這樣過了兩年三年、五年十年，你一門深入樂此不疲，卻忘了檢視努力了這麼多年，當初的問題在多年的努力後，是不是獲得解決重新迎向新人生？或是早在不知不覺中一路朝修行之路走去？這麼多年下來消磨了當年的雄心壯志，甚至自我催眠「等我成佛，所有問題一次解決！」於是，接下來的人生仍在跪拜與念誦中度過。

朋友的孩子原本在國外讀書十餘年，畢業後還計畫繼續拿綠卡就業，成爲美國公民，但天不從人願，他的父親突然心肌梗塞猝死，他被迫必須返台承接父親的事業。原本他以爲是回來當現成老董，回來後才發現父親債台高築，跟他的想像完全兩碼事。面對蜂擁而上的債主，頓時間他方寸大亂，此時有位年輕的大師引他入宗教之門，他以爲只要他專心念誦就可以挽救亡父的事業還清欠款，十餘年來他每天奮力不輟，爲了擔心走火入魔無法成佛，他避開所有親友關愛的眼神，至今他住在一方斗室內，成了都市叢林裡的隱居者，能不能成佛尚不得而知，但家業的振衰起敝，看來已經希望渺茫，當年負笈國外所花費的物力、財力，不禁令人惋惜早知今日何必當初？

修行人喜修正果懼沾魔邪，而對平凡人來說，只求今生事事順利、事事圓滿，如果不沾佛魔，是不是還有其他的方式完成今生的圓滿？在一片修行聲鼎沸、眾說紛紜的浮屠大千，難道借助神力的幫助就非誦經修行不可？

基於這樣的疑惑，筆者多年前做出各種假設與試驗，逐漸體驗出神力的加持，並不是僅在於修行一途上，而是可運用於人生的扶助上，只要掌握了正確的要領，徹底的去為自己的人生負責，大都可在極短的時間內獲得很好的改善。

對一般人來說，富貴貧窮都只是「因」與「果」的轉化，白話來說，良性的互動就是「功德」與「福報」間的關係，劣性的互動就是「惡業」與「苦果」的關係。功德與惡業又是怎麼來的？這當中牽繫著個人與家族兩項關鍵，按照因果關係來說就是：「爲善者未昌，祖德有殃，殃盡則昌。爲惡者未殃，祖德有昌，昌盡則殃。」

如果你認同以上的因果關係，就可以很容易的找到改善目前窘境的方法：只要化清惡業，自然解除苦果危機，接著，找到自己的功德迎來福報，人生自然露現曙光。原理就是這麼簡單，但要怎麼去做？用你自己的信念去做（例如修行），肯定是事倍功半，而透過第三勢力的介入（神力）居間協調，或可達到事半功倍的效果，這就是筆者撰寫這一系列書籍所要闡述的方法。

解決當前的問題不見得要靠修行，擴大解釋修行，不過就是修正你的想法、態度、做法而已，這是本來就必須具備的基本態度，而非指單一的誦經禪修，假如你只是一個平凡人而不是一個修行者的話。

本書雖然是爲釐清讀者諸多問題而編撰，但大部分的關鍵都在於盡其所能的解釋拜神的心態，**因為效果的神速與否，與你的心態影響甚巨**。用萬法歸宗來說，不管你的拜神方法如何標新立異，最終總是要回歸你的初衷本意，如果你保持的心態是請求給予指正錯誤，並賦予改過糾正的機會，通常這樣的初衷往往可以獲得幫助的機會。但如果一開始就抱持：「我闖下的禍，神明就是要幫我處理。」用這種類似死纏爛打的方式求神幫忙，站在神佛不破因果的立場，面對不知理性請求幫助的你，神也莫可奈何。

因此，只要謹記：拜神，目標明確，信受奉行，必能隨心滿願！

王品豊

二〇一三年於上海

目錄

單元二 關於拜拜儀式、順序、擲筊、化寶

單元三 關於辦三赦、補財庫、尋找引導神

單元四 拜拜常見疑難雜症 173

單元一

關於金紙、供品的準備

對於宗教的膜拜者來說，在虔誠的背後總是會隱含著些許的懷疑：**為什麼要燒紙錢？紙錢代表什麼意義？燒化的紙錢神明或祖先真的收得到嗎？**

若是你有這樣的疑惑，面對世間其他的宗教習俗，是否也應該具有相同的質疑，例如被釘在十字架上的耶穌基督，祂以祂受苦的肉體，發願要爲世人承擔及赦免原罪，如今全球基督教信徒數以千萬計，但怎不會有人懷疑一位當時在宗教戰爭中受害的罹難者，祂如何具備赦免世人原罪的神能？只因祂是天父之子，因此被所有無助的世人想當然耳的要祂肩扛世人原罪？全球信徒又有幾人體恤、感謝祂的慈憫，或是懷疑祂的力量是否「足堪重任」？

佛法中，佛陀明示持經念咒、供養佛法僧，長此以往即可來世成佛或是當下成佛，人們對此深信不疑一味而往，卻沒有人質疑爲何要唸六字大明咒？爲何要唸藥師咒、地藏經等等。佛陀以慈悲喜捨駐世立法，加上古人、今人文以載道歌功頌揚，致使人們對此深信不疑，所以，古往今來也無人對佛法產生質疑，其他的宗教論說也以此類推，在信徒的促擁下，法門成爲信徒們頃全力護持的對象，不允許絲毫的污衊與謗毀。

然而，從人心來看，人性基於貪婪、受懼、慳吝、怯懦，往往急於伸手向任何可能的力量求援。曾有一位讀者來信要求面談，相見後她告訴我，她原本是天主教徒，因爲事業失利投資賠錢，後來聽人說密宗有財神大法，因此開始日夜唸誦財神咒，一唸經年對她的境遇仍然不起絲毫作用，因此，又改弦易轍投靠耶穌基督，我問她爲何要改變宗教信仰？她回答得很簡潔：「因爲信奉主耶穌只要禱告就好了。」

既然信了基督那麼就老實祈禱就好了，爲何又要「慕名而來」？她又說，雖然祈禱了，但她自覺沒有任何作用，於是有一天逛書店時，看見了筆者的書，書中提及拜神可以達到富貴雙修的境界，因此才積極的找上門。

遍歷三教的讀者在述說她的宗教履歷時，一臉的坦然與理所當然，絲毫察覺不出她對宗教的虔誠與自我的反省，彷彿得不到諸神的幫助，拂袖而去是順理成章的事情……現在，她從我的書找到我，並且執意與我見面，她問我要怎麼做才能讓她富貴逼人？

雖然我一再強調拜神的用意在於「勤修今生富貴，不求來世成佛」，但我必須再次強調修習「今生富貴」的法門，是建立在「非貪婪」的情境下，要如何才能做到不貪婪？你必須要很清楚的知道「富貴」的定義：以懺悔謙恭的思維，滿足於當下平凡、平安、健康的生活，並且心懷感激在平凡、平安、健康的自然情境中所產生的神蹟，並非積累諸多的財富就稱爲富貴，而是你得到這些資財之後，成爲有能力可以牽引他人的手，從中所得到的滿足才算是篤實的富貴。

這位小姐渴望神蹟如同魔術幻化般的改造她的人生，固然有她認知上的落差，另一方面對於我提到的燒化紙錢一事，她更露出一臉難以置信的神情，反問我：「神佛不是都很慈悲？我爲什麼還要花錢買紙錢燒給祂們？」

對於一般人所認知的慈悲一事，基本上是建立在：「我是需要被救贖的弱者，萬能的神應當無條件幫助我」的乞憐基礎上，弱者的心態一旦產生，她便認爲接受無償救援是理所當然的事情，也因此才會有「神佛慈悲理應救我」的謬誤。

但話說回來，神佛也的確不需要你燒紙錢給祂們。假如祂們是萬能的，根本也不會把你的紙錢放在眼裡，但你爲何還要燒紙錢？因爲那是一種誠意的行動表現，將你的懺悔與謙卑表現在你的行動上，神明鑒納你的行動之後，就會以祂的功德力，轉化你燒的紙錢給不同的對象，而事實上這些表象的紙錢也並非無形界非要不可，而是他們看到你的誠意表現後，同意接受神明協商，放你一馬或是助你一臂之力。

居間協商的神明在確認你和無形界彼此間的意向之後，神便以祂的功德力，提升無形界的靈魂體，攜往佛家所謂的淨土或是道家所說的仙班，彼此間恩怨兩消陰陽兩利。

神的存在價值即在於透過你的有心求解，幫你與因果業力協商，並以祂的功德力代你償還因果業債，因此，拜神要化紙錢這是一種約定俗成的儀式，當然，若是你捨棄這種方式，而願意以其他方式尋求解決，人各有志也是強求不來的事情。

若是更深入的來說，**透過「火」的燒化達到淨化的目的，也是拜神必須燒紙錢的主要原因**。我們都知道，古時候甚至今日，當有細菌、瘟疫蔓延時，若要完全的撲滅大都選擇「火燒」，例如豬瘟、雞瘟等等，爲何要火燒？因爲火所產生的熱度能夠達到殺菌的效果，同理，對於人身上的陰氣，灼熱的火焰也同樣具有升陽降陰的功效。因此，透過火燒紙錢的媒介，可達到質的具體改變，在神能的輔弼下壯大你的靈魂體，從而達到改變運勢的目的。

在物質界中，金、木、水、火、土各自代表不同的意義和作用。

「火」的氣勢向上蒸騰，火光熠熠奔騰直上，火的力量代表威猛、劃破黑暗帶來光明，因此，火性所代表的是正義，足以摧毀各種晦暗的力量，火也代表光明，讓人得以在光明中不至於迷失方向。紙錢在拜神的意義上固然重要，但火的介質所帶來的毀滅與重生更是不容忽視，如果你是一位崇敬神祇的人，除了誠心、紙錢之外，更當細細體會火性居於其間不可或缺的位置。

因此，燒紙錢在拜神行徑中是必然的，因爲它包含「燒」、「紙錢」兩種有形與無形的介質形上學。

許多人都懷疑燒紙錢的作用力及可信度，但你一旦了解紙錢品相的約定俗成、「火」的轉化力量後，就不需懷疑紙錢的效果強弱。你不需要會組裝電腦，只要你會操作就好；你也不需要會蓋房子，只要相信這房子會幫你擋風遮雨就好，同樣的，你也不需要懂得紙錢是怎麼轉化你的業力與福報，你只要接受與相信就好。神威難測，個人的業報又如網絲交錯密佈，即使你自詡無一不通，也無法揣測神意祂將如何爲你做最圓滿的佈局。

1 化寶前，為什麼要在金紙上蓋手印？

在紙錢上蓋手印的主要原因就是爲了「做記號」，因爲紙錢是你花錢買的，爲了不與他人的紙錢混淆，所以最好在自己的紙錢上蓋手印或蓋印章，以證明這些紙錢是屬於你個人所有。

但也有例外的時候，例如身邊隨行一位專業資深的法師，他就可以用他的「職權」代爲稟告。話雖如此，但大部分的時候，如果時間允許我也都會請我的客戶朋友自己打上記號，畢竟自己耕耘自己收穫就會有另一番不同的圓滿感受。

從化寶（也就是燒紙錢）爲什麼要在紙錢上蓋手印，還會衍生出另一個問題：「燒這麼多紙錢，神明眞的收得到嗎？」回歸這問題的動機，其實不難理解爲何大家都有這個疑惑，主要的原因還是大家都渴望獲得神威相助，因此很擔心自己花錢買的紙錢沒有到達神明的手中，結果賠了夫人又折兵不但花了錢又達不到效果，會讓人有前功盡棄白忙一場的感慨，因此，不禁懷疑起焚燒的紙錢，神尊到底有沒有收到的疑慮。

其實在一系列的拜拜書中，幾乎在每一本書的字裡行間，筆者都會提到，與其你不斷的懷疑神的存在性與靈驗度，何不反觀你在膜拜之後，現實生活環境中你獲得了什麼改變？如果你或你的環境被改變了，那就證明神性的存在，也直接證明神尊收走了你的紙錢。這就好像你不需要先了解怎麼組裝電腦，再開始學習如何使用電腦一樣，把太多的時間花在神存在與否的證明上（事實上你無從證明），不如心誠意堅的複製他人膜拜成功的行徑，自己也依樣畫葫蘆努力一番，或許這樣對你個人會有更直接的幫助。

神存在嗎？紙錢收得到嗎？若是你執意要證明，那麼建議你不妨使用「反證法」，你先假設神性是存在的、紙錢神會收到的，因此，你就這麼去做，接著你開始檢視你的內在、人際、機運、工作、健康、財運等等，是否有被潛移默化的改變，假如有，那也間接證明你的確獲得神力的幫助，至此，就應該更虔心的信賴，藉由祂的神力繼續爲你鋪排（注意！不是加持喔），你的生活被改變、被提升時，神是否存在，紙錢是否收得到的問題，就會成爲不足一提的小事，重點是，當你懷疑這些事的同時，你到底行動了沒？

對於「被改變」這件事，許多人對它的概念是含糊而抽象的，而筆者說的「被改變」則是具象的實質改變，例如疾病有了健康的轉機，失業有了得到新工作的機會，錢財收入比過去更豐富、感情比之前更和諧、負債得到良性的解決之道……當然生命中所遭之難不僅僅於此，但這些即將或已經迎頭撞上的困難與迷惑，在神威的助力之下，都讓人具體的感受到嶄露曙光，這樣才稱之爲「被改變」。

假若你只是如同被催眠般的以心靈的慰藉躲避你當下的難題，那就不能算是具體的改變，現在的網路資訊非常發達，人們可以透過各種網路軟體抒發自己的人生感受或啓示，例如：臉書、LINE、博客、部落格、微信等等，人們虔誠的在網上轉載諸多「勸世文」，並以佛陀之名勸解世人要心胸開懷、活在當下、時時喜樂……按「讚」表示激賞認同的人很多，但請捫心自問，看過這些激勵人心感人肺腑的短文之後，眞的「按表操課」的又有幾人？人們忘卻了自己的問題，卻又寧可掩耳盜鈴的利用這些文字掩飾自己的卑微與怯懦，眞正需要大刀闊斧身體力行的力量，此時卻如酒精發酵般的讓人暈眩不知所處，如此一來，你的問題仍然存在，你對他人的文章仍舊激賞，而你的人生究竟改變了什麼？充其量最後你仍然只是站在旁邊，爲他人的成功羨慕拍手而已。

被改變需要有事實做後盾，這樣你的人生才會有重來的機會，只是假借美麗優雅的辭藻自我麻醉，你的人生若眞的是行走於輪迴上的輪軸，那就必須面臨不斷重蹈覆轍的考驗了！不要埋怨你的今生爲何比別人貧乏，不用羨慕別人的人生爲何比你豐富，行「拜」多年下來，筆者深深體會人不需要與他人比較，但人必須懂得自己與自己競爭，不要輸給昨日的自己，要贏過現在的自己要幫助未來的自己，筆者將此一理論稱爲「五靈論」，簡單來說就是用現在的你解放過去的你，用過去的你預定未來美好的你，而這當中不斷拉扯的因果業力，則透過純淨聖潔的神靈居間協助，達到拜拜迅速獲得神效的目的。

我有一位號稱練習氣功十多年的大姊朋友，每每與我煮茶閒聊時，對於拙作中的諸多論點總是大加認同，並常與我討論前世今生、靈魂學、因果業力等問題。孱弱積病多年的她總是說要跟我去拜拜，求得一個健康之軀再戰人生，但每次與她約好時間，她總是意興闌珊的回說，她今天不舒服沒力氣出門，或是說她老毛病又犯了，她正在靜坐練氣下次再約。每當春暖花開精神稍有恢復時，她閒在家中又再發表她的「勸世文」，如此周而復始，一方面飽受病魔摧殘一方面又積極勸人活在當下、慈悲喜捨，明知當爲而不爲，自己的身體一塌糊塗不思振作，還兀自以爲自己可以發文拯救天下蒼生，不禁讓人倍感無奈。

究其原因，不過就是她無法戰勝自己的「習性」，任意的隨著己身的惰性漂泊，如此終老一生，最後她仍無法救贖自己、改變自己。

十餘年下來始終故我，每個人都說會加油、努力，但卻少有人知道自己該從何處努力起，烏龜四腳朝天時牠也會努力的想翻轉過來，但很少有烏龜會成功的四腳著地，但這時只要有人發善心朝牠的龜背輕輕一勾，牠就可以翻過身來繼續牠的生活。寫了這麼多本的拜拜書，無非就是想教大家如何找到那個「輕輕一勾」的力量。

令人期待的奇蹟從來就不是憑空出現，只要你基礎夠紮實，奇蹟就是自然的一部份，神力的加持如同生活中的陽光、空氣、水，人人都需要卻不足爲奇。

而要強調的是，**雖然筆者數次強調拜拜是要拜出「今生富貴」，但各位可千萬別以為拜神燒紙錢就可以一切順利容易**，筆者再次聲明拜出今生富貴不等於拜出一身貪婪，神尊給我們的是機會，而如果你連機會都懶得去把握，就不要怪神尊不靈驗。一間小廟的神也要努力助人，若干年後才有機會成就大廟，區區的我們又怎能妄自菲薄，以爲燒了紙錢就能守株待免坐享其成，因此，「今生富貴」仍必須靠你的勞力、能力去賺取，而神尊能給你的就是促成今生富貴的機緣。

2 所有的金紙都要蓋手印？還是只有蓮花才需要？

台灣紙錢種類應該可說是華人地區最琳瑯滿目的，每一種紙錢都有它的功能性以及故事性，而更多的是來自人們對各路神尊的尊重，而衍生出多種紙錢品項。

蓮花，一般人的印象始源於佛教，但是佛道混體之後，蓮花也成了兩教共同的法品。如同紙錢一樣，不同的蓮花品有不同的功能，一般常用的有「往生蓮花」和「壽生蓮花」，其他還有「九品蓮花」、「九轉蓮花」、「金靈蓮花」、「三陽蓮花」等等，主要是以蓮花紙上所印的經咒爲判斷依據。

不同的蓮花有不同的作用，大部分是靈山修行者依據自己的需求或是引導神的指示，而採用不同的蓮花。例如「九轉蓮花」是修行者轉靈體用的，「轉靈體」一詞的意思是指將身體內的其中一條靈魂體，透過引導神的力量拔薦超昇，專業名詞稱爲「復古收圓」，用現代話來說就是「靈魂淨化」，但這些都是屬於靈修者的事，對只求「今生富貴」而拜神的我們來說太過虛無飄渺，因此，一般我們都僅使用「壽生蓮花」和「往生蓮花」二種。

大部份的人對於蓮花的概念來自佛教，但蓮花出污泥而不染清雅脫俗的意象，事實上是三教（儒道釋）共同尊崇的；儒家以梗自詡躍水而清，佛家以花精進實修跳脫三界直奔清淨蓮華，而道生萬物以根莖代表天人同體，因此，蓮花不分佛道均以此清雅脫俗象徵聖潔法門，而嚴格來說，佛教視蓮花爲聖物乃是佛教進入東土後才開始的。

在我們的拜神求運的過程中，蓮花是不可少的物品，爲什麼神界或無形界非蓮花不可？回歸神威難測的角度，這問題的答案也只能憑人臆測。曾有一位朋友準備四品禮物要祭拜家祖，所有紙錢、鮮花、供品一應俱足，但是擲筊請示時卻是接二連三的「蓋筊」，朋友在神前跪了一個多小時，滿頭大汗驚慌失措不知所以，這是他從未遇過的情況，我得知後問他是否有準備蓮花，朋友這時才恍然大悟，原來他把蓮花忘在車上沒拿下來，重新拿到案前後擲筊就一路順暢了。

另有一次，朋友遠赴財神廟補財庫，一路擲筊盡得笑杯，朋友不解其意來電問我，我在電話另頭也百思不解，最後只好跑一趟財神廟請示財神，舉香默禱後才明白，財神的意思是說朋友之前已經燒過許多補庫錢，今次只要燒蓮花轉化財庫就可以，因此才一直出現笑杯。我把財神的意思轉達讓朋友知道後，朋友終於連續擲出三個聖筊。值得一提的是，化完財神指定的蓮花數量後，沒多久朋友的公司果眞進了一筆巨額訂單，至此他才明白神威自有他的安排，與其焦慮等待，不如一步一腳印的穩健耕耘，該開花結果的時候自然會水到渠成。

個人求神辦事的紙錢和蓮花，都必須蓋上自己的手印，依俗成例女性用右手大拇指蓋印，男性用左手大拇指蓋印，主要是取男左（陽）女右

（陰）之意。而所謂的「蓋手印」，是指在每一疊紙錢的第一張蓋上大拇指印，以及在每一疊紙錢的四個邊，用大拇指「揮」過去即可。

拜神的關鍵在於「陰陽之學」是否能夠透徹明瞭，明白陰陽的道理，拜神時就不會顯得汲汲營營，而是把拜神視爲自在愉悅的心靈滋養。如果將宇宙諸事的過程，都歸納爲陰陽兩種力量的相互運作結果，按此道理而往陽盛陰衰或是陰盛陽衰，對事物運作的本身、內容、結果都是一種失衡的對待。陰陽失衡會使得慣嘗結果論的人頗覺無法立即性的達到預期目標，反之，了解陰陽平衡的道理依理而行，則能達到心想事成的目的。

將這道理如法的運用於有形事物上，於是才有了蓋印時男性以左手大拇指、女生以右手大拇指蓋印的說法。常有讀者喜歡問假設性的問題：我是女生，如果我用左手蓋印會怎樣？其實並不會怎樣，於我來說，我只是論述自己的成功經驗，畢竟拜神的目的是爲了祈求神威相助，而不是爲了印證左右手哪一個才是正確的。複製他人的成功之道，單純效法或許便可得到你想要的，而太過吹毛求疵或自以爲是，則容易失去向上提升的契機。

至於所有的紙錢是不是都必須蓋上自己的手印？這問題的答案是肯定的，因爲紙錢是你自己花錢買的，蓋上自己的手印維護自己的權益，方可避免與他人的紙錢混淆。

3 拜拜一定要準備書中所述數量的金紙嗎？

拜神多年我最大的感觸就是紙錢、蓮花是不可少的東西，我自己也曾經想過拜神時難道不能光憑一顆虔誠恭敬的心就好？爲什麼要花大把的鈔票購買一堆紙錢？錢花了紙錢也燒了，人們內心的勢利評估也出來了：「燒了這麼多我究竟能得回什麼？」按照我的經驗，紙錢燒了絕對會有它令人驚嘆的力量產生，這樣的說法或許會跟現行的環保法規有所抵觸，但我仍必須說，紙錢絕對有它神奇的力量，也就是說，它的確是拜神求事時不可或缺的品項。

「這樣拜」系列書中所寫的各種拜法的紙錢數量，是基於多年拜神經驗所計算出來的安全數量。**所謂安全數量，是指按照每種紙錢的功用賦予不同的數量**，好比醫師開藥方一樣，各種藥按其藥性不同配予不同的劑量，以達到對症下藥的目的。書中所寫的數量等同劑量的通則，寫好平均的紙錢數量，準備妥當後前往廟宇請求神威相助，屆時再以擲筊的方式逐一稟報，求取你個人的正確紙錢數量及品項。

也會有人不禁懷疑：「紙錢一定要這麼多？」拜拜是一種以心意祈求神意相助的方式，如果你看了我的書願意嘗試一下神蹟，那麼，紙錢就是要這麼多甚至更多，這是基於經驗法則所計算出來的，若有人願意實驗性的自行增減，那就屬於個人行爲與本書所討論的神威無關。拜神是一種愉快的自由心證行爲，筆者從未偏執的認爲自己的方法絕對正確無誤，或許你有更好的方法造福他人，但無論如何總要注意這是否是你個人經驗所得?也切勿平添其他商業利益而自誤誤人，畢竟拜神仍屬於宗教的範疇，宗教的精神始終是利益眾生，一切的福音歸屬大眾分享。

至於多少紙錢才算多，多少才算少，這完全必須依據個人的經濟條件而定，相同的數量也有朋友要求我繼續加碼，也有朋友皺著一張臉跟我說他快吃不消了，對我來說，從來都是決心的問題而不在於紙錢的多寡。

假如擲筊請示神尊後，得到正確的紙錢數量，估算後是一筆龐大的開銷，也可以請示神尊是否可以分數次奉化，若得允許的聖筊，就可以用「分期付款」的方式儘快奉化，雖說可以允許分期償還，但站在渴望迅速改善際遇的前提下，最好還是儘快完成神尊（引導神）的任務，否則祂就無法幫你鋪排下一個進度。

請示紙錢數量時，要心懷恭敬謙卑的稟報你要辦的事情，舉例來說：王小美備辦四品禮物到廟裡，請西王金母幫她接引幸福桃花，在舉香請示紙錢數量時，應該這麼說：

奉香拜請西王金母在上，弟子王小美民國（報西元亦可）六十八年十月一日吉時出生，現居台南市成功路一〇〇號，今日備辦四品禮物前來請金母做主開辦桃花姻緣一事，祈請金母神威相助讓弟子所求願滿，今日備辦四品如下，奉請鑒納：（以下稟報總數量），以上四品若是正確無誤，祈請神威示現賜予三聖筊。

如果得到三聖筊，表示今日所準備的紙錢圓滿，再次合什感謝：

在此感謝金母垂憐，弟子若蒙神威相挺得償所求，未來必當以金母聖名行功造德，宣揚神威答叩天恩，並恭祝金母香火鼎盛千秋萬世。

再三叩謝後即可將紙錢遝行奉化。

假若沒有得到三聖筊，就必須逐項擲筊請示，例如原本是福金一百支，因此現問：「**福金一百支圓滿的話請賜一聖杯。**」

若是得一蓋筊，便問：「**福金增加十支，圓滿的話請賜一聖杯！**」以此類推直到出現聖筊才繼續問下一個品類，全部問好後再重新稟報一次總數量，得三聖筊即可。

問紙錢數量關乎所求之事的圓滿與否，雖然很繁複但也必須耐住性子逐一細查，畢竟這是你自己的事情，神尊慢條斯理的詳細指示，當事人更應心懷感激的接受指示，心煩氣躁只會讓事情欲速則不達。

請示四品禮物的過程中，最常遇到的是老遇到不解其意的「笑杯」，通常笑杯的意思有下列幾種：

1、**還有其他事情未辦，不能跳辦此事**。

請示後如果是這個問題，但你的確已經準備了這些紙錢，又不能半路下車原物攜回，這時可以請示金母：

> **金母在上，弟子愚昧，祈請教誨，未臻圓滿之事再請金母神威相助，引導弟子沐浴神恩，弟子必當虔心悔過奉行不悖，懇請就今日所求之事予以圓滿，他日另行再補，懇請賜筊相應。**

誠心祝禱大多能夠「歐趴」過關，關鍵並不在於你有多少能力購買紙錢，而是在於自己是否能深切的體會神恩。神尊也許不需要你感激涕零，但為人之道總是要心懷感恩，謙卑恭敬的請神幫忙，即使你看不見、聽不見神界話語，但你謙卑恭敬的心必能上達神聽而獲得協助幫忙。

4 拜拜時紙錢數量弄錯的話，拜拜會不會就不靈驗？

紙錢可區分為「傳統型」和「環保型」，目前在台灣大都採用「環保型」紙錢，環保型的紙張較薄售價較高，傳統型的紙張較厚，因取得成本低廉售價相對便宜，但對使用者來說不禁會懷疑，兩者之間應該選擇哪一種爲宜？

在台灣受到環保法令的限制，一般多是採用環保紙錢，一來符合環保要求，二來也容易焚燒。但對於有些購買環保紙錢不易的地區，若是有傳統紙錢也是可以取代的，至於數量仍然以擲筊所得爲準，並不會影響其效果。但近年來台灣各地區的紙錢也可以透過網路購買，因此要買各類紙錢也不是很難的事，俗話說：「天下無難事，只怕有心人。」台灣就那麼大，只要花點力氣還是可以得償所願的。

筆者在大陸拜神，由於取得台灣紙錢不易，因此有時也會用當地紙錢代替，或是透過航運將紙錢運來上海，雖然所費不貲但為了拜求自己的好運，該做的事情也是不敢貪圖懶逸，為了求得神威相助總要盡量完成交付的任務。

紙錢的單位數大都以「支」計算，有些紙錢會將十小支紮成一包，例如壽金、刈金、福金等等，有些紙錢會以五小支紮成一包，例如：和合金、助運金等，一般來說不管幾支紮成一包，請示神明時仍然以支為單位，若說福金三百支就是三十包福金，若說和合金三百支就是六十包和合金，其他紙錢以此類推。

另一個單位數「刀」也是最容易讓人混淆的。刀是指印刷廠一次最大的裁切量，紙錢中的「長壽生」由於紙張輕薄，一刀裁切下去就是五千張，因此長壽生一刀就是五千張，另外如「足百福金」由於紙張較厚，一刀裁切下去大約五百張，因此「刀」的張數需視紙張的厚薄而定不一而足，全省各地販售的刀數也不盡相同，讀者們若是有此方面的疑慮，不妨以所購得的刀數為準，再進行擲筊詢問，例如書中若寫「長壽生」一刀，讀者們就以所購得的刀數擲筊詢問，再決定最後需準備多少數量。

大部分的人由於擔心犯錯，無法獲得神尊的庇佑，因此只要有點小問題就躊躇不前，生怕無心之過無法獲得原諒。事實上很多正確的知識或答案，都是從累次的犯錯經驗所得，以我來說，為了求取更多的正確經驗，過去幾年也是一再的從錯誤中摸索，至今雖不能說完全窺透神學奧祕，但在時間的演進中也著實找到幾處關鍵與讀友們一起分享。

與其躡手躡腳生怕犯錯，不如邁開腳步嘗試錯誤，這是筆者當時接觸神學不果後，有一天夢裡醒來所獲得的啓示，若干年後再想想那個夢依舊歷歷在目。夢中我坐著飛天神毯，乘著黑夜飛行天際，正在醉心之際，飛毯無法控制的向下俯衝，眼看著就要向地面的黑洞迎頭撞擊，來不及思考之際，飛毯突然傾斜，我被倒進坑洞內，我驚魂未定的狂呼，但身體仍無法控制的滑進坑內，坑道傾斜四十五度像數百米長的溜滑梯似的，滑行間我聞到了周遭頻頻發出的惡臭味，慌亂中緊急的環視四周，憑著微弱的照明才發現自己陷入屎坑內，夢中的我心想這回死定了，不被氣味熏死也會被這數噸的屎糞淹死，思緒未落轉瞬間我已經滑出坑道，定神一看身上卻不沾一點屎糞。

再次確認自己所處的位置，當眼神望向遠方，隨即被眼前的炫幻燦爛所震住。我彷彿站在山之頂巔，山下一片燈火輝煌，宛如一條盤旋山間的長龍，仔細一看是一座沿山而建的廟宇，建築氣宇軒昂金碧輝煌彷若帝王宮殿，思緒未消我人已置身在廟中，眼前端坐三尊大神像，粗估至少五層樓高，我爲這莊嚴肅穆氣勢所震攝，不自覺的伏跪頂禮，仰頭之際驀看其中一尊大神對我眨眼微笑，我稍稍一驚即從夢中醒來。

醒來後閉眼回想夢中景象並思索這個夢的意義爲何，我從不以爲這樣的夢是要指示我按圖索驥，跋山涉水去找人世間的眞實景象，更不會几自以爲這是神尊指示要我入山尋寶。我仔細的回想夢中的過程：飛天、糞坑、廟宇，那時我終於想明白神尊的意旨是要告訴我，不經髒亂的洗滌過程，如何能以清靜之軀進入寶山面見原本的自我？

那次以後我才瞭解神尊是在勉勵我，不需要怕犯錯，除非你是明知故犯或是捉狹的不當一回事，否則大部分的錯誤都是淬煉出眞理的前因，而犯錯的心應把它栓在恭敬的求取眞理上。

如果把這道理引用在：「燒錯紙錢會不會不靈驗」的問題上，相信大家就能明白：不知者不罪，除非你是眞心故意犯錯或是悖逆乖張不循正道。

5 南部金和北部金長得不一樣，該如何是好？

同一種名稱的紙錢在全省北、中、南部都長得不一樣，例如補財庫的財庫錢各地都不同，讓各地讀者們莫衷一是，但其實這問題是很容易解決的。

有一次帶一位朋友到鹿港見天后，原本只是很簡單的接引導神行程，豈知臨時接到天后要幫她補財庫的旨意，當下只好飛奔鹿港鎮各大小紙錢鋪，萬事俱備了唯獨欠缺補庫錢（天庫、地庫、水庫），紙錢店的老闆告知鹿港地區都是沿用古早版的補庫錢，很少有人賣北部用的三庫錢。古早版的補庫錢形狀比福金略長用紅紙包裹著，若干年前我也一直都用這種補庫錢請三山國王幫我補財庫，因此我並不陌生，所謂入境隨俗，便按照天后指定的數量一一購足，再擲筊請示是否圓滿，全程在天后的神威下順利完成。

另有一次在南部幫朋友辦三赦（天赦、地赦、天地渡化），過程中臨時需要用到「補運錢」，但也沒買到，最後便用買到的「補運金」取代，順利完成了三赦的儀式。（關於「三赦」及「補財庫」事宜，請參閱拙作《這樣拜才有錢》）

此外常見的「甲馬」在中南部也不容易買到，大部分只賣「雲馬」，情非得已下也只能用雲馬代替甲馬。

事實上兩者作用不同但也異曲同工。甲馬通常運用於辦三赦一類屬陰的事情，雲馬則多是辦三庫屬陽的事情，但北部不易買到雲馬，中南部不易買到甲馬，因此兩者通常混合使用，沒得用就是沒得用，神尊並不會因此「龜毛」的撒手不管，除非你是：

1、**貪圖方便懶得處理。**

2、**馬虎了事得過且過。**

你的內心是什麼想法，你的身體就會散發什麼光芒讓神得知，舉例來說，一個人內心打算敷衍了事時，身體就會放射灰色光，一個人試圖說謊時，身體就會浮現深藍色的光，神尊就是憑藉這些能量光判斷你的用心程度。

神性為何能引導人性？就在於祂發現了你的能量光的轉變，而你必須在呈現事實結果後才知道成敗得失，所以說**拜神一定要心誠意堅，你的心決定了神效，而不是你如法炮製的表象動作決定一切**。

6 祭祖拜拜為何要用「病符錢」？

祭拜祖先用「病符錢」是我從多年辦事經驗中獲得的。多年前朋友的奶奶過世滿對年，這時朋友夢見奶奶入夢告知全身虛冷隨即不見，朋友醒來後來電告知此事，他說家人有詢問廟裡主事，廟方回答是亡者在陰間缺錢花用才來托夢子孫，因此囑咐燒化紙錢元寶給奶奶。朋友依言當天就化了紙錢，但那晚仍然重複相同的夢境。

我得知後就問朋友，他的奶奶是怎麼過世的，他說奶奶是接受肝硬化手術時過世的，於是，我建議他買「病符錢」化給他的奶奶，此外再加一些化給往生者的紙錢。據朋友說，當晚奶奶換上新裝神采奕奕的出現在他夢裡，雖然沒有說一句話，但看得出奶奶心滿意足的神態。

朋友問我怎會想到用病符錢給他奶奶？事實上我只是想到他的奶

奶在醫療中過世，她並不知道自己的肉體已經轉為中陰身（自亡者斷氣，第八意識脫離軀殼，至轉世投胎前之歷程稱之為「中陰身」），但肉體的病痛仍然存在，因此才會在夢中向子孫求救。靈魂體與輪迴之間存在著記憶關係，靈魂體本身若不存在記憶本能，那麼輪迴本身就會變得毫無意義。

依此道理，許多人在年紀老化之後離世，或多或少身體都帶著病痛，甚至自己本身也完全不知，但這些病痛的不舒適會轉為記憶儲存起來，輕者或可成為下次輪迴的個人因果業力病症，重者則成為家族的集體業力病症。因此，為了防範未然，在祭拜祖先時多花一點錢幫祖先燒化病符錢，我個人認為是利多於弊的事情。

再則，在家族中不管活著的陽世子孫或是已故的陰間祖先，雖然陰陽兩隔但卻是互相依存的。我們在祭祖時總是會舉香請託祖先顯靈保佑子孫，而祖先有難時也會時不時的透過某種方式向子孫求助，都是一個家族的人，彼此有難時必定是向自己人求援，因此祖先祖靈眞正獲得安寧了，祂才能有餘力幫助子孫，因此千萬別以爲陰陽兩隔了就從此毫不相干。

從陰陽的角度來看，祖先屬陰又稱爲老陰，後代家中女主人也代表陰（男主人爲陽）又稱少陰，老陰與少陰互通再生少陽和老陽，所以，祖先身上若有病痛未解，大都也會反應在家中女主人身上，神奇的是祭拜祖先燒病符錢後，適巧身體不適的女主人往往也能不藥而癒。

有一回，一位身體不適的母親由她的兒子陪同與我見面，這位媽媽由於長期練氣功，外表看起來比她實際年齡還要年輕，但她說不知爲何她總是會周期性暈倒，醫生始終查不出病因，甚至懷疑她是練氣功過度所產生的疲乏，她也去過宮廟問神，廟裡的乩童說是祖先牌位的問題。

但這時她年輕的兒子插嘴說：「但我媽已經跟我爸離婚了，他們家祖先牌位跟我媽有什麼關係？」

少年人年輕氣盛說話衝動，他並不了解即使父母離異，他憑個人喜惡跟了媽媽，也改變不了他是父系家族子孫的事實，媽媽示意他不要繼續說，但他卻像想一吐爲快的說：「我還跑去『他』家的祖先牌位前跟他們（祖先）說，有事就來找我，再找我媽我就劈了牌位。」

少年人雖然一片孝心爲媽媽叫屈，但作法卻讓人啼笑皆非，莫怪有人說，無知害死人。

請示神尊之後，我問這位媽媽離婚後是否有繼續拜前夫家祖先？媽媽回答說，她的公婆在世時都是由她服侍，往生後雖然與丈夫離婚，但逢年過節她還是會準備紙錢祭拜夫家祖先。

我問了她燒哪些紙錢後，又建議她也燒病符錢或可改善她的身體，這位媽媽雖然點頭答應，但看得出還是有點半信半疑。我能理解她的想法，原本可能要耗費數萬辦法會超渡祖先的事情，到了我這兒卻是簡單幾疊病符錢就化解了，任誰聽了都不敢置信。

但事實的確如此，有一天她的兒子來廟裡看我，跟我說他的媽媽許久沒犯病了，可能眞的燒病符錢有效。我笑而不語，對自稱無神論的人來說，他要的只是效果，說再多的理論都是枉然。接著，他又說他的腳扭傷好一陣子始終好不了，他問我燒病符錢會不會有效？我搖搖頭，要他趕緊去跟祖先磕頭賠罪，請祖先原諒他的出言不遜卡要緊。

大部分的人拜神也好拜祖先也好，大都是入境隨俗學人膜拜，卻很少仔細思考爲什麼要拜祖先？祖先與子孫間的關係有何重要等等，久而久之就忽略了祭拜祖先是一門重要的儀式，且往往可藉由祭祖，相對的請祖先一起解決子孫的難題。

而透過紙錢安頓祖靈庇佑子孫的祈請法中，又豈僅止於燒病符錢而已，拙作《這樣拜才有效》中不也提到請祖先補財的方式？

7 聽說元寶自己摺比較有效？也有人說晚上不要在家摺蓮花？

這個問題可以從心理面和物質面來說明。就物質面來說，自己摺蓮花或元寶是比較經濟實惠的方式，因爲敬神燒蓮花、元寶是屬於長期性的活動，如果你的經濟條件尚可，每次都是購買現成的蓮花、元寶，長此而往久了你也會覺得吃不消，更何況許多拜拜的人大都才剛開始求神庇佑，經濟狀況難免拮据，因此自己試著做元寶、蓮花一方面可以打發時間，另一方面也可以節省開銷。

從心理面來說，拿著自己誠心做出來的蓮花、元寶敬神，內心的充實感實是旁人很難體會的。筆者書中常提到的中壢聖安宮三山國王主委夫妻，每當他們要請三山國王幫他們補庫或赦因果時，夫妻兩人一定自己摺蓮花和元寶。事實上以他們的財力買現成的紙品絕對比較輕鬆容易，但是他們寧可放棄做生意的時間也要把紙品準備妥當。我曾試探性的問他們這樣做是否符合經濟效益，他們回答我，並不是爲了省錢才自己做蓮花，而是覺得神尊既然那麼慈悲，願意幫他們解決問題，那麼自己也該爲自己盡點力。自己摺蓮花、元寶內心的滿足感不是花錢可以換來的，而且在摺蓮花的過程中，他們也可以把自己完全沉澱在片刻的寧靜中。

直至今日，假如時間允許，我也會盡可能自己摺蓮花、元寶，因爲我可以體會他們的感受，而且也喜歡沉澱其中。

拜神貴在自在，要花錢買或自己摺，完全看自己的價值定義，心有罣礙的拜拜就失去拜拜的意義。即使你花錢買，這些錢也是你辛苦賺來的，不能因爲自己摺不來就認定不夠誠心會激怒眾神。

另外，也有人提及摺蓮花或元寶時要默誦經咒，否則摺出來的蓮花會不靈。我想當初提出這個觀念的人大概不打算讓人安心摺蓮花，若非得如此，有些想摺蓮花又大字不識一個的婆婆阿姨又該如何？別說這些不識字的婆婆阿姨，就算識字的人，你讓他邊背誦經咒邊摺蓮花，也是很折磨人的事。於是，又有人提出變通之法，聲稱摺蓮花時旁邊放誦經咒的音樂也可以達到相同的效果，這讓人不禁想到台灣奇人許×美小姐，她曾跟記者宣揚佛法，言修佛可以增加功德，所以她都叫她家的傭人念經再迴向給她。荒謬的言論曾引人一陣訕笑，但想想自詡爲知書達禮的人，不也常犯了這種自以爲是的錯誤？

摺蓮花時其實只要心存敬意，一心一意心裡只想著摺蓮花是要給誰？**是做什麼用途**？想像著透過你的辛勞而能夠促成諸事圓滿，那麼內心自會升起一股愉悅歡喜。一旦有了這種心思，哪怕你邊看電視邊摺蓮花、或是邊摺蓮花邊聊天，透過你的手、你的心所摺出來的蓮花也必然是上乘九品的清淨蓮華。心經上不也說：「無罣礙故，無有恐怖，遠離顛倒夢想」，心若是眞誠的，就不需要多此一舉的幻想各種可能藩籬障礙自己。用心給自己一個最單純的想法與目的，自然就能消息各種假設性的恐懼，因恐懼是來自你顛倒翻傾不已的心。

修行，把心扶正而已。

至於晚上可不可以摺蓮花？這問題的答案取決於你是否邊摺蓮花邊念經。例如有人喜歡邊念往生咒邊摺蓮花，如果按前面所說摺蓮花是一種內心自在歡喜的工藝活兒，那麼晚上摺蓮花又何妨？若說晚上不能摺蓮花怕會招來外陰覬覦，那麼這問題是來自「念經」而非「摺蓮花」。這道理是依照佛陀說法而來，佛陀說若有人持誦經典寶咒，視同佛陀現身說法，故必引來人、非人（鬼）、天龍八部等法界眾生聆聽法訊，由此可知問題出在經咒上而非蓮花或元寶。

因此，摺蓮花不需要念經咒，如此一來就沒有晚上不能摺蓮花的問題。

另一種說法是我個人經驗，每當我為了某事在家摺蓮花時，我總是邊聽音樂或邊看電視摺蓮花，當天晚上或是摺蓮花那幾天，家中便會有「靈異」事件發生。例如摺給祖先時，列祖列宗會來查看，摺神明祝壽的蓮花時，也會有天兵神將前來護持。不管你能不能感受到無形界的存在，說這些例子並非為了助長鬼神之說，而是要大家體會凡事都有因果關係，秉持你摺蓮花的心意，自有接收這些蓮花的無形界前來照看，除非你自己念經發願要把這些蓮花贈給芸芸眾生。

8 四品禮物是指什麼？

香花、供果、紙錢、稟文統稱為「四品禮物」。其他辦事的特殊物品如衣服、糕點、草人、龍眼乾等也一併稱為四品禮物，以利稟報時簡單扼要。個人覺得「四品禮物」文字優雅又不失莊重，故而沿用至今。

9 有人說神佛是吃素的，所以一定要準備素食才行？

佛經上說，佛陀每天午覺起床後，總要喝口水醒神才會接受眾弟子的提問講經說法，祂喝水時會小心翼翼的先將飲水倒入紗布中過濾，等待完全沉澱之後才飲用。當時有不解其意的的弟子問祂，不過是喝個水，爲何要如此大費周章？釋迦牟尼的解釋是說，水中含有許多我們肉眼看不見的生命體，即使我們在飲水，也應當小心別去傷害它們的生命。這是佛陀慈悲心的展現，但從今人的角度來看，印度人水源來自恆河，恆河水質含沙量高，喝水時自然必須用紗布過濾，以免吃進一堆砂礫。

同一件事情具有兩面的看法：濾沙是爲了保護其他有情眾生的生命，以及，濾沙是爲了保護自己的生命。兩種看法都沒錯，但佛陀的說法若是往更深一層看待，又豈止是保護有情眾生？從今天的時空背景來看，佛陀完全是「慢活主義」的執行者，祂主張凡事慢慢來，每一個當下都只專心做一件事，而做一件事時當下的心是用悲憫的想法收攝，肉眼看不見水中有情眾生，但祂以心眼無限想像在我們無法透視的小宇宙仍有生命體存在，同為生命體的我們有責任去保護它們，這就是己達達人的慈悲心。慈悲的定義從來都不是「它們好可憐」，而是「我希望它們和我一樣好」。這就是佛法中的「修渡法」：願我等有情眾生皆共乘佛道。

吃不吃素的道理也是一樣，佛陀飲水時體念水中有情生命體，吃素時你的腦海中又體念什麼？是邊吃素邊想有多少功德？或是邊吃素邊想：在我吃素的同時又多了一條生命免於被屠宰！吃素的本身並不具備功德，更遑論吃素可以消愆滅罪迴向冤親債主。但懷著慈悲心吃素就是功德，感念有情六道眾生皆與我無緣大慈同體大悲，這才是真正的功德力！

修行者以慈悲為手段以渡己達人為目標，因此從吃素入手做為杆槳撐往般若彼岸，但一般沒有修的人就因為沒有吃素而沒有慈悲心？慈悲在你的心中而不在你吃下什麼，濟公活佛不就這麼倡導的？祂吃肉耽酒完全顛覆正統佛門清規，但你不要曲解祂的濟顛行爲，祂是以「顛」濟世，用世間人的酒池肉林逆導人心歸向佛境，可惜人心不解，濟公在台灣竟成爲「逼牌」的智囊團主帥（副統領是三太子）。

以前在電視上曾看過日本的一部紀錄片，介紹一位雞農如何在他的同業中成爲翹楚，爲什麼他養出來的雞味道特別鮮美？雞農說他沒有特殊的祕方，他只是很細心的照顧牠們，做爲感謝牠們即將成爲人類食物的答禮。這時攝影鏡頭帶到他所養的雞群，每一隻都活蹦亂跳，彷彿知道牠們未來被賦予的任務而雀躍著，最後雞農帶著訪問者到雞舍旁的一間小屋，他說這是他蓋的雞神廟，由於他感謝每一隻爲他帶來生計的雞隻，因此建蓋這間廟祈求雞靈們魂魄有所歸依，在他有生之年他都將這麼供奉著。

修道者因慈悲心而不殺生，一般人因殺生而感謝眾有情成全我們的有機體生命，這兩種觀念都是發自內心的悲憫與感恩。若是你的心能夠感念你的生命延續是來自其他生命體的成全，而不是你有多少錢可以吃到多少人間美食，那麼你的心就等於是濟公的心，吃不吃素殺不殺生也只是表面的形式而已了。

敬神供佛也是一樣的道理，別認爲你吃素就應該強迫神也吃素，佛都不一定吃素何況是神。例如物資缺乏的西藏地區，修行者也只能吃肉類，鮮少有青菜蔬果可以食用。密法傳至台灣後，信密者眾，人人以密宗也吃葷爲題大啖其肉，若說慈悲心是打開修行的法門，那麼借題發揮恣意滿足的人也只剩滿口的慈悲而已。

拜佛是全素餐，但拜神時應該葷素俱全較圓滿。另有一說，拜神時的供品，神只是來鑒納你的心意，而眞正來享用的是神周邊的兵將。兵將並不是吃全素，所以通常我在拜神時都是三葷三素或是六葷六素，要葷有葷要素有素隨人高興，畢竟是你要招待人家的，總要賓主盡歡才圓滿，至於祂們是不是眞的有吃到碗盤見底，那就不是我們可關注的事情。畢竟在你懷著誠心供奉食物的同時，神尊早已鑒納了你的心意。

10 為何要準備五種水果？可不可以一種水果準備單數就好？

宗教觀講「因果」，拜拜時要拜「五果」，「果」代表事物最後事實的呈現，人人都希望最後事實所呈現的果都能如水果般的甜，爲了取這好兆頭，所以人們興起敬拜水果，祈求神尊庇佑能夠消惡因得善果。

「五」這個數字非常有意思：五行、五方、五路、五福、五智、五識、五指，兩個五指就是十全。五行代表金、木、水、火、土，五行對內可演繹出人的心、肝、脾、肺、腎，對外可表徵事業、工作、錢財、愛情、人際，拜五果表示得蒙庇佑五行俱全，盡得人生福、祿、壽、囍、考（壽終正寢）。

拜五果的意義既然這麼出凡入聖，因此選擇水果時就應該多挑一些甜滋滋的水果以符合其義，避免用酸澀的水果，例如檸檬、苦瓜、酪梨等果品。此外，凡是果籽可以吃進肚子裡再經排泄體外的水果也不適宜拜神，例如：番茄、芭樂、百香果等。

有些人不敢吃水果或是經常拜，家中水果一大堆來不及吃，不妨用乾果代替。西藏地區的密宗，物資匱乏，信徒供養佛陀也只能用泥塑做成「食子」，代表豐富的美食體現禮佛的誠心。因此不管你買價昂的進口水果，或是買三斤一百的當季水果，只要你是誠心誠意的奉獻，神尊們無不欣喜接受。

單元二

關於拜拜儀式、順序、擲筊、化寶

所有的宗教都有各自的儀式，在佛教稱爲「儀軌」，在道教稱爲「科儀」，也就是說制定一套眾人都可以遵循的行禮膜拜流程以供遵守，一方面讓大家有個可以參照模仿的準則，一方面也方便主事者管理。這原是無可厚非之事，但有時墨守成規也會造成食古不化的鮮事。

話說有一回帶著一位號稱潛心向佛多年的師姐去拜神，同行的還有其他數人，出發前修佛師姐就表明她此去無求，只是隨眾參拜觀摩。我也沒其他想法，反正不管抱持什麼想法去，願意去跑靈山總是好事。

到了廟裡後大家放好供品開始點香，此時修佛師姐突然對點香的人大喝：「要用左手拿香才禮貌！」被斥的師兄也沒生氣，不慍不火的連聲說好把香握在左手，一會兒參拜時她又「指導」在旁的師姐：「香要舉高過頭，妳這樣不對！」年輕的師姐沒好氣的說：「舉太高我怕神明看不到啊！」說著也不理會她，逕行拜自己的。

修佛師姐原來在別處學得一些膜拜的儀式，由於先入為主的觀念，使得她直覺的認為只要與她所學不同者就是錯誤，基於善意她才會想把她認為正確的教給大家，甚至她還帶頭行禮如儀的把頂禮膜拜的「正確」動作分解示範給大家看。雖說她是出自一片好意，但她忽略了在一個群體中，入境隨俗才是促進和諧的主因。我們一般所使用的三跪九叩雖然與大頂禮的方式有所不同，但也同樣達到請安問詢的誠意。各處的拜神方式均有不同，主要還是採行大數法則，多數人怎麼做少數人就跟著怎麼做，就不會貽笑大方或是引發彼此不悅。

但當時的修佛師姐顯然不這麼想，她執意堅持自己的方式才是對的，甚至在集體跪拜時，為了表示對我的「敬意」，還在我身後劃出一條跪拜線，規定其他人不得跨線超越過我，搞得大家啼笑皆非，甚至還有人送她「白眼神」。這讓我想起以前有位宗教大師，每當他出現時，眾弟子前呼後擁尊貴非常，但他客死他鄉時，昔日的舊雨新知無人到場致哀，身後蕭條被草草安葬在美國某處公墓，無名無碑乏人問津。「人貴自覺與自重，不慢自心不欺暗室，以方便濟物以陰騭格天，則人愛之鬼神敬之。」以上這段話你不一定要懂，因爲每個人各自解讀的詮釋不同，但它的文字精神所要表達的是在你心誠意敬的基礎上，表面的形式並不是最重要的，你的心才是最後的萬象之源。

再回頭說說我的修佛師姐。就這麼「參拜觀摩」多次以後，最後她也從善如流的跟著我們行三跪九叩禮。聊天時說，以前老前輩三申五令要她行禮如儀，不得偷工減料否則會惹佛祖生氣，而她也引以爲戒不敢絲毫改變。但每次都怕觸犯教條弄得身心俱疲，慢慢的她體會出「唯心是法」之後，毅然摒棄繁文縟節，現在反而覺得身心輕鬆愉快，無所求的她有一次還囁嚅的問我如何辦姻緣桃花序列重整，大齡剩女的她也凡心大動渴求一抹桃花雙扉紅了。

每當有人問我是什麼門派時，我總是戲稱我是「啵比團」掌門人，眞正的意思是要告訴大家，我不立宗立派，不設繁雜的膜拜儀式、不集結眾人勢力團體，我只是不斷的藉由書籍的傳送，告訴大家如何善用宇宙間的各種能量，成就你個人的今生事業與志業。假若你認同我的理論，就不妨照著做，假若你不能接受，隨時選擇離開也是自由的，假若有一天又想加入「啵比團」的行列也是歡迎的。「啵比團」不是宗教團體，它只是提供一種方法，讓每個人用自己的力量改變自己的人生。

「啵比團」並非師出無名，簡單的拜神求取滿願的方式，其實是綜合古代先人修行出世道法的途徑，搖身變為入世修行法，也稱「開基法」或是「收圓法」。簡單來說就是：不求來世成仙成佛，務求今生己利達人。先求圓滿今生的責任、權利、義務再往靈性登高，最後仍是走向身心靈三位一體，只是與現行宗教法門殊途同歸而已。

11 如果沒有按照順序拜，要重新照順序再拜一次嗎？如果拜錯順序會被懲罰嗎？

啵比團的拜神儀式很簡單，只要注意以下幾個關鍵就可以了：

1、入廟拜神先朝天呼請天公（有個人引導神的也要呼請師尊）。
2、拜主神稟明來意。
3、向各殿配祀神請安。
4、圓滿後向眾神答謝。

拜錯順序如果是無心之過，神明是不會降罪或懲罰的，你擔心犯錯是因爲你誠惶誠恐，就像努力學習的好孩子，相對而言，看著你無心之錯的神明，就像是師長或父母一樣，祂如果知道你是無心的，又怎會怪罪於你？更遑論是懲罰了。

按照順序拜是一種約定俗成的作法，在拜拜的領域裡，沒有人絕對不會犯錯，大家都是在錯誤中獲得正確的經驗，學到之後下次不要再犯錯就行了，因此可以不用再重來一次。除非犯的是嚴重的錯誤，例如還沒拜就去燒紙錢，那麼就得重新花錢買一份，這種要花錢買經驗的事，相信是不會有人想重蹈覆轍的。

在此也說明一下入廟後的拜拜順序：

1、天公爐先拜（站在廟內，向外拜）。

2、再拜主神。

3、配祀神由左而右依序拜拜。

4、配祀神由前而後依序拜拜。

5、由一樓至頂樓依序拜拜。

也就是說，入廟後，一定是「天公爐先敬」→再來是「大殿主神」→「大殿左邊神祇」→「大殿右邊神祇」→配祀神一路先左後右。

倘若後面或樓上還有「二殿」、「三殿」等，亦照以上順序。

特別要提醒的是，所謂「由左而右」，是指背對神像而言，也就是說，面對神明奉拜時則是「由右而左」。

12 拜完多久可以燒金紙及收供品？

這個問題要從多個方面來說：

收驚時：通常要燒三巡香，也就是第一次點香燒到剩三分之一時，必須再點第二巡香，第二巡香又剩三分之一時，再點第三巡香，直至第三巡香燒剩三分之一時，即可以燒金紙，其後再收供品。

拜土地公或地基主時：當香剩三分之一時，即可以問土地公或地基主是否已經吃飽，可以化紙錢給他們了嗎？如果是聖筊則可以燒紙錢，如果是蓋筊則必須再點第二巡香，至三分之一時再重複問一次，直至聖筊爲止。主要是因爲土地公和地基主是老人家，吃的比較慢，所不要催他們，免得他們噎到。

一般廟宇：供拜完後，待香燒到三分之二，即可擲筊請示是否可化紙錢，若准許即化紙錢，若不准許，則稍待五分鐘之後再問一次即可。

13 燒金紙是否有規定的順序？大張的先燒嗎？

燒紙錢時並沒有規定要先燒哪種紙錢，所謂「大張」的，通常是指天公金，因爲它面積大紙張薄，所以很容易燃燒，因此大家都習慣先燒大張的。

但有時也有例外的情形，例如有感謝狀、疏文、或蓮花時，則先燒以上這些東西，燒完後才開始燒紙錢。道理很簡單，你想想，如果一堆公文放在桌上，最上面的一定最先被注意到，感謝狀、蓮花、疏文都是有所求的物品，先燒讓神界先收到，以便祂們以最快的速度先行處理，所以事有輕重緩急，在天庭、陰曹也是一樣的道理。

14 現今許多廟宇都不可燒金紙，燒不燒金紙會有什麼影響嗎？

紙錢是一種能量，透過「火」的作用，將能量轉換至另一個空間，該空間收到這股能量之後，又將這股能量轉換回四度空間給你。而這股能量又是什麼？它可能是錢、機會、桃花、愛情等等，總之端看求者求的是什麼而定。

求神大體來說也是交易買賣的一種，世間的能量物質都是存在且不滅的，別以爲神佛神通廣大，你說求，祂就變給你，這種不勞而獲的事是不可能存在的。在道教的傳統裡，於是有燒化紙錢的習俗，藉由這種能量的轉換滿足人們的需求，同時也讓神明在另一空間中，以你燒化的紙錢去爲你交換你所需的能量。

15 如果遇到不能燒化金紙的宮廟該怎麼辦？可以帶回家燒嗎？

受限於當前法令的問題，這個問題著實不好回答。以我個人來說，如果我非燒紙錢不可，那也只能想盡辦法達到目的，例如有環保金爐的廟宇，我會試著與廟方協商，表明願意支付清潔費，請廟方給予方便。通常廟方看在你誠意懇求的份上，大部分都會予以通融。

此外，入廟之前可先查清楚該廟提不提供燒紙錢的服務，先前有位讀者一再來信問我他拜的廟總是不讓他燒紙錢，問我該怎麼辦？老實說我是提供方法者而不是廟方，老問我該怎辦眞是折殺老夫，後來終於問清楚原來他去的是佛寺，難怪人家說什麼也不讓他燒！暈倒……

我也曾經到桃園某廟拜神，準備了許多紙錢廟方卻不給燒，最後回到台北在四獸山找到一家廟宇，以借爐的方式完成任務。

俗話說事在人為，對我來說，燒紙錢是何等重要之事，既然如此，橫逆在面前的所有障礙就要想盡辦法破除，以求順利完成任務。

剛來上海時人生地不熟，好不容易看到千年古剎龍華寺有人燒紙錢，於是興致勃勃的帶了許多前去請該寺的地藏菩薩化因果，後來又得地藏福德正神指示改日前去補庫，豈知備妥那日龍華寺竟然不准燒紙錢，我騎虎難下跑去跟福德正神申訴，蒙神指示要我先拜再說，我依指示全寺拜了一圈事情依然如故，寺門外還站著諸多手提蓮花抗議跺腳的老太太。

我在地藏殿站了好一會兒，正猶豫該怎麼辦時，眼前走來一位清潔員工，見我兩手空空沖著我說：「今天咋沒燒紙？」我兩手一攤無計可施，靈機一動便請他幫我想辦法，清潔員也兩手一攤說他愛莫能助，說完轉身即將離去，走沒兩步又回頭說：「紙在哪？領我去。」我懷疑的問他可以做主？他大氣不喘的說：那兒（焚燒爐）是我地盤，我說了算。

那次總算順利的把紙錢燒化，爲了答謝清潔員的「善舉」，我還是有償性的請他喝茶買煙，彼此結下了善緣。此後每次去龍華寺都要勞駕他幫我處理紙錢事宜，彼此兩造賓主盡歡再次印證福德正神神蹟。眞正有心的話就會神人共助，奇蹟並非偶然發生，有心人常常身處奇蹟之中。

假若你去拜拜的廟無論如何都不讓你燒紙錢，那麼你只能把紙錢運去可燒紙錢的廟「借爐」，這可能是現行的各種方法中較爲可行的方法之一，否則就只能八仙過海各顯神通了。

16 如何向廟「借爐」？

找到一間可以燒紙錢的廟之後，必須以擲筊的方式請示該廟主神願不願意讓你借爐，不能未經過主神同意就擅自將紙錢投往爐內，必須讓主神明瞭事情緣由，經祂同意後，才會派遣兵將幫你運送紙錢，否則，即使你的紙錢全部燒化完成，也只能待在爐內乏人轉運。

舉例來說，小明在玉尊宮請玉皇大帝幫他補財庫，但玉尊宮不能燒紙，必須到眞元宮向玄天上帝借爐，此時要做的第一件事是先向玉尊宮的玉皇大帝稟報：

拜請玉皇大天尊在上，今日感謝玉帝做主為弟子補財庫，因本宮無法奉化四品，故擬將四品禮物運往真元宮向玄天上帝借爐奉化，屆時再朝天呼請玉帝前來做主請乞福佑，若蒙恩准請賜一聖筊以明聖訓。

說完即擲筊，通常都會同意，接著就遷行趕往眞元宮。

到了眞元宮之後要先取廟金三份置於神案上，然後點香稟報：

奉香拜請玄天上帝大天尊在上，弟子王小明，民國六十九年六月九日吉時出生，現居台北市成功路一〇〇號，今日在某某地方的玉尊宮請玉皇大帝做主為弟子補財庫，蒙玉帝聖示特來本廟借爐，祈求天尊恩准在本廟奉化：（此時將你的四品項目稟報一次）以上四品若可奉化，懇賜一聖筊。

若擲出聖筊，拜謝之後即可準備呼請玉尊宮的玉皇大帝報備你將奉化四品禮物。

若擲出「笑杯」或「蓋杯」時，不妨再捐點功德金，相信很容易就可得到聖筊了。

四品禮物燒好後，要記得再次跟神尊道謝才離去，禮多人不怪是人神共同認定的。

17 請求神明指示時，要以一個聖筊還是三個聖筊才準？

這又是一個見人見智的問題，通常我的做法是以一筊爲準，但如果第一筊是笑杯或蓋杯時，接著就會請示沒有聖筊的原因，原因確認後再請示一次就過關了。有時若遇到反覆筊杯時，也會以三聖筊做爲依據，完全是取決當時的實際狀況決定要擲幾次筊杯。

一般的讀者若當下無法判斷神意，爲求眞實無誤還是以擲三次爲宜。有時爲求明確，我甚至一再的擲筊也是常有之事，萬一老是擲到笑杯或蓋杯也不要心慌意亂，可以稍做休息後再重新擲問。

18 拜拜擲筊擲不到是否代表神明不想理我？

神明巴不得你常去，怎會不理人？擲不到筊大部分的原因是你沒有把問題說清楚或是說得簡單扼要，此時不妨把問題再仔仔細細的說一遍，多半就能得到明確的回答。但若是仍擲不到筊，代表時機未到尚不適合再問，不妨下次再來。

由於一般人較難窺測神意，擲筊時如果沒有聖筊，有時也表示你所問的事情之外，還有其他事需要處理。

例如有一次我的朋友被公司調到外地上班，他本人並不想去，於是到廟裡求神幫忙，但神尊卻指示他非去不可，他請神尊告訴他非去不可的原因，這時奇蹟來了，他連擲數個蓋杯，這時他又反問：「反正一定要去就是了？」這時卻是連續的聖筊。

既然神意如此必有安排，他也就回家打包行李準備搬家。到了外地的公司後，原本要由他負責的部門，因公司改弦易轍延緩新部門設立，他因此賦閒數月。而在此時他透過體檢發現了身體上的先天疾病，必須住院醫療，這時他終於明白了神尊爲何說他非來不可了！假如當時他仍然留在原公司，以他的工作性質根本不會有時間做體檢或治療，神尊先安排他一個閒缺再讓他發現疾病問題，可說又是一次完美的神蹟演示。

擲不到筊有時也會是人過於爲難神所造成的。例如時機未到卻不停問幾時發財，桃花未開卻一再問三個月內會不會開……人有時心裡很清楚自己的問題該不該問，明知還不是時候，卻硬要神給個交代，自己心裡有鬼又不想承認，因此賴神不想理他，這種執著心不見敬意，神不會不理只是會很無奈，不信你自己當神看看。

19 神明和祖先燒金紙的金爐可以一起用嗎？

在一般的傳統觀念裡，總是認爲神屬陽、鬼屬陰，因此燒紙錢時必須陰陽兩隔各用一個爐。

古早時的廟宇甚至設有金銀爐，給神的燒在金爐，給鬼的燒在銀爐，目前中南部的一些老廟還保留著這種習俗。現在問題來了，祖先究竟屬陰還是屬陽？首先我們可以先來定義何謂祖先：有子孫祭祀的稱爲祖先，沒子孫祭祀的就暫稱孤魂野鬼；有香煙供拜的稱爲神、沒香煙供拜的稱爲鬼。按照A＝B，B＝C的道理來推測，祖先應該算屬於神格的一種，而不能將它視爲陰鬼。

但祖先也需要具有一定的「資歷」才能登上祖先之位，例如必須壽終正寢的，中國人認爲活過一甲子六十年以上就算壽終正寢，此外都算横死，暫時不能羅入祖先之列，未婚娶而終者也不能進入祖先歸位。

另外，剛往生未滿一年者，也不能算是祖先，必須滿「對年」並向祖先稟報之後，方能將其亡靈請進祖先牌位，俗稱「合爐」，才正式算祖先神。

與家中所供奉的家神相比，祖先的神格略低家神一些，因此，逢年過節拜神祭祖時，總是先拜家神再拜祖先。也就是說，拜好家神燒紙錢妥當後，再開始準備拜祖先，如此一來有個先後順序就不會有家神、祖先紙錢一起燒的疑慮，因此，共用一個金爐也就不成問題了。

20 金爐一定要放在家裡嗎?金爐裡的灰燼要何時處理?

金爐的作用是焚燒紙錢，紙錢就是冥幣，燒冥幣的作用就是希望獲得神尊、祖先的保佑，能夠日進斗金家門興旺。因此金爐等同金庫，不僅一般家庭如此，連廟裡的金爐也是如此，紙錢燒得越旺，廟裡的香火越鼎盛，沒人去的廟金爐必定冷清清。

家中的金爐如果等於財庫，你可會把你的財庫放在路人皆知的地方引人覬覦?大家都懂財不露白的道理，若是珍惜自己的財物，自會小心翼翼的把金爐安置妥當。

每每受邀到客戶家中勘察陽宅風水，有時看業主把金爐放置何處，便可以理解業主當前的財運有無疏漏。物有所歸人有所依，謹慎小心處理生活中的所有細節，對個人的運勢也會有相當大的幫助，凡事漫不經心全然無謂，即使求得家財萬貫也難保不會有千金散盡的一天。

世事無絕對，沒有人說金爐一定要放家裡面，只是看你想如何對待你的錢財而已。

至於金爐裡的灰燼，隨時可以清理掉，並不需要選特別的時間。它不似香爐必須初一、十五或等到天赦日才能清理，重點是，清理掉的灰燼不要隨意丟棄，一般的建議是做爲花圃菜園堆肥之用，或是倒入水溝內流走。住在都市裡的人要按上述方式處理較不易，也可以妥善包裝後讓垃圾車載走。

紙錢的灰燼是有機物質，是我們敬奉神明焚燒紙錢之後產生的物質，若是按照正統的處理，在南部鄉下大都當成肥料，但有時辦補庫或進庫事宜時，由於茲事體大，所以通常都會等灰燼冷卻後，以紅色紙袋包裝好，再請示神尊何時「寄水府」，而大部分指示的時間多爲某日的子時時分。

進行「寄水府」時，參辦的人每一個都必須到場參加，有一個沒到神尊便不准我們出發。這種「連坐」處分，一方面彰顯神尊的辦事嚴肅，一方面又充份顯現神尊的慈悲，務必要求全員到齊，讓每一個人都能在參與補運的最後一個關鍵圓滿完成。

「寄水府」的活動地點通常是在忠孝橋下，準備一點點的紙錢，到點後開始焚香祝禱，請求水神派遣蝦兵蟹將前來運送補運金。清風徐徐的淡水河，帶點夏日的襖悶，河面平靜無紋，躲在水草內的蟲子窸窣的叫了幾聲，吉時一到我們將數包補運金悉數丟入河內（溶解性紙袋），水流推動著紙包直到沉入水中，這時每個人分得一小撮裝在紅包袋內的紙錢灰，帶回家中財位置放，整個補運過程才算正式完畢。

回想以前所做的這些事，雖然辛苦備嘗，但因每個人對神尊都充滿敬畏與信賴，大家有志一同做起事來格外有勁，如今大家各奔前程，每當憶及過往總是份外思念。

21 若到廟裡只想向一位神明求事情，那麼廟裡的每位神明都需要拜嗎？

人求神、神幫人，在此一過程中充滿了因緣與巧合。

幾年前陪一位朋友去辦天赦，在擲筊的過程中頗多不順利，聖筊、笑筊諸多反覆，這在一般的求天赦過程中屬於很少見的現象。再三詳問之後獲得玉皇大帝的指示，原來是要他先去將其他偏殿的諸神也拜過一輪再回來求。

剛開始獲得這個指示，我們只以爲是我們禮貌不周，所以要我們再去參拜廟內大小眾神，等拜過一輪後再回來擲筊請示，卻仍然是反覆不一的筊意。正在不知所措時，隱然「看見」一位拄著拐杖的白髮老婦，步履蹣跚的來到跟前，她默默的站立一旁滿臉含笑不發一語，這時我彷彿明白了啥事一般，趕緊催促朋友再求一次。朋友依言誠心祈求，這一次很令人驚訝的是連得三聖筊，玉皇大帝很「爽氣」的應允了。

事後朋友找我討論此事，他自己也百思不解，前後不到半小時的時間，所得到的答案爲何迥然不同？我帶著朋友離開主殿，出了廟門朝旁邊的一座土地公廟走去，廟內供奉著土地公和土地婆，我指著土地婆說剛才就是土地婆來關說。朋友半信半疑，我要他擲筊問看看，剛開始是兩個「笑杯」，後來則是三個聖筊，朋友大呼驚奇，不懂土地婆爲何要幫他向玉皇大帝求情，更慚愧的說他來這廟無數次，卻從來沒到土地公廟參拜過，這樣無功受祿讓他受寵若驚又十分羞愧。我笑說土地婆自稱是你的祖母，長輩疼孫是不需要任何形式的，家人之間的關係不在於陰陽的區隔，而在於血濃於水骨肉親情，這是任何神佛都無法介入的關係。

俗話說，禮多人不怪，不管主神或是配祀神，只要祂們同處一廟就是一家人，只要你受因緣牽引進入這間廟，你跟祂們也是一家人。你也許不知道你和祂們是什麼關係，但祂們知道祂們是你的誰，所以你才有緣入廟祈求。不就有人說過：「不是一家人不入一家門」？所以不要抱持「分別心」擅自區分神尊的大小並且厚此薄彼，在我的觀念裡，只要祂是坐在案上受人香火的，哪怕是五營兵將也是必須謹慎恭敬行禮如儀。

神對我來說是宇宙間聖潔能量的總持，祂不應被世故的人心區分宗教類別或大小。宗教是一種團體勢力，當宗教的勢力被打破時，神能依舊回歸宇宙而不因宗教傾覆而消失，因此，神能是亙古常新的，而宗教之名終有一天仍將回歸輪迴時序。其實主神與配祀神之間的距離近在咫尺，頂多是樓上樓下的長度，但你可以告訴我，是什麼原因讓你只拜有事相求的神，而無視其他的配祀神？是因爲惰性或是出自世故的心？如果是出自以上原因，那麼就失去拜神、敬神的意義，做不到這兩點時，求神就會變得徒勞無功。

六年前有位八十多歲的老太太，由她的女兒陪同跟大家一起到埔里寶湖宮地母廟參拜，由於她行動不便，一路都由她的女兒攙扶或靠輪椅助步。在一樓拜完地母之後，大家又要到後殿參拜無極天父，後殿建在主殿後方的山坡上，必須要走數百階的石梯才能到，她的輪椅上不去，大家勸她在香客室休息就好，但老太太堅決的說，既然來了就要全廟拜透透，她催促大家快上去，她自己再慢慢走上去。大家被她的精神所感動，放慢了腳步陪她一起緩步登高，沒有人抱怨一路大家又說又笑，原本預定好的結束時間後延了兩小時，但這兩小時中大家學會了尊重也看到了敬神的意志。

在此之後，老太太不良於行的問題似乎得到極大的改善，從必須讓人攙扶到現在的行走自如，看在大家的眼裡，莫不認爲是再一次的神蹟顯現。但若是沒有老太太虔誠的意志，神奇的奇蹟也只能蟄伏，直到有一天你願意幫助自己而不是空等救贖時才會破土而出。

22 同樣的事情，如果問土地公得到聖筊，問觀音菩薩卻得到蓋筊，請問該以誰為準？

回答這個問題前要先大笑三聲，哈、哈、哈！舉個例給你聽：你急需一萬元，因此你去跟爸爸借錢，爸爸答應借給你，但你還沒拿到手，於是又不放心的跑去跟媽媽借。媽媽說你不是跟爸爸借了，怎麼又來找我？這時你被媽媽拒絕了，而爸爸說好要借你的錢又還沒到手，結果你只能站在原地乾巴眼。

求神不是1+1=2的數學，它是1+1=1的哲學，你當然可以說你是因爲不放心，所以才會四處求神問卜，但不管你怎麼求，在最後的結果沒有出現之前，這些答案仍都屬於臆測。即使你問了一百尊神，內心缺乏自信的你依然會坐立難安，最後你的角色會淪爲旁觀者，你的事情依舊沒有得到最好的解決，你只是在印證哪一尊神比較準而已，當最後的答案與你所望相違時，你是要怪神還是怪你自己扭曲了你的人生？

另有一種人的做法是再去問第三尊神，採取二勝一負會賽規則尊重多數的一方，但這樣又有什麼意義？到底該說是阿Q還是鴕鳥的精神？跟著我一路拜拜的朋友，剛開始時也會焦慮不安的想儘早得知他的問題何時能被解決，我總是勸慰的說：「自有安排。」但這話仍不能使他們身心安頓，直到某一天他忽然發現神蹟自然的發生在他的生活中，這時回首來時路，才頓悟自己的人生是如此巧妙的被安排著。現在他們大多不再好奇他們未來的人生，而只專注於此刻該做的事情，彷彿隨時隨地都在入定，也隨時隨地都在享受人生。

「自在」的定義到底是什麼？是「放下」嗎？從拜神的領域中，我體會到的「自在」是被引導神安排的充實感，無需揣揣不安，只需靜待良機。

23 懷孕期間能求神拜拜嗎？

既然說是活在當下，懷孕時就好好的懷孕，拜神也不必急於這一時。

神之一詞，我按陰陽的說法將它理解爲：清輕上揚之氣爲陽爲神，濁重下沉之氣爲陰爲鬼，亦清亦濁陰陽交雜之氣爲人。人因陰陽交雜相互磨盪，因此人的肉體具有力量，純陽或純陰之氣無法交錯磨盪，因此僅有能量而沒有力量，所以陰、陽二者的能量必須透過人體假合才能產生力量。

簡單來說，神會趨附於人身，鬼也會趨附人身，二者的能量與人身疊合之後，人體陰陽比例重新調整，陰氣重時就是所謂的「卡陰」，陽氣重時人也會顯得亢奮難持，但這不叫「卡陽」，因爲陽氣是輻射外放，不容易卡在體內。

神是由陰轉陽的一種能量體，促使它陰陽轉化的作用力，我們可以姑且稱它爲「功德力」，功德力促使陽體再次蛻化爲神體，故而說：神者，靈性之光。

凡有靈性之光者，都稱爲「神」。孕婦懷孕時，體內的胎兒純淨無暇，就如同朝陽初昇一樣，具有靈性的光芒，一般傳統稱爲「胎神」。

懷孕期間孕婦最怕的就是「犯胎神」，民間所說的犯胎神，一直以來也沒有一個具體的邏輯說法，只知道懷孕期間胎神每日佔據不同的位置，孕婦要小心翼翼避免觸犯胎神。如果男女結合父精母血孕化成胎，便是所謂的「入神」，神居於母體內要等待時間長成肉體，在此期間會有諸神來犯，需靠母親、祖先、守護神保護才能安然度過成長期降世人間。

諸神來犯的原因很多，民間傳說有一種邪法稱爲「奪舍法」，據說古時候有練邪魔歪道的人，由於年紀大了雞皮鶴髮，在練成「奪舍法」之後，可以不再經由生死輪迴重新投胎，而是去找到一名孕婦，作法驅趕孕婦肚中胎兒的靈體，強行霸佔胎兒的軀體重新出生。

乍聽之下會覺得不可思議或是像天方夜談，但在沒多久之前，有個武漢人來找我聊拜拜，閒談時他告訴我，他老家有個老師傅，號稱年輕時得高人傳授「奪舍法」云云，雖然沒有親眼遇見這位老師傅，但至少證明確有不少人得知此法。

現在這種方法大多已經失傳，不管眞假至少說明一件事：懷胎期間的胎兒是很脆弱的，必須小心謹愼的守護才能安全誕生。基於此點，廟宇是六道眾生往來之處，神每天坐在案上接受的不只是人的請託，還有其他無形界的眾有情物，也和我們一樣在那兒跪拜求神，特別是佛寺，寺內外盤桓眾多請佛超生的無形阿飄，是好是壞是善是惡我們也分不清楚。

雖說三赦、三庫也是拜神的一種，但其中所含的法術成份更高於一般拜神，因此，爲了避免增添不必要的麻煩，孕婦還是暫時先不要入廟拜神爲宜。

單元三

關於辦三赦、補財庫、尋找引導神

人們拜神時多少總是會期待神的賜予，因此，台灣的宗教盛會便從中衍生出許多跟錢財有關的活動，例如拜財神、財神灌頂、向土地公借發財金、神賜元寶等等有趣的活動。

如果錢財是福報的一種，而福報是由功德衍生，那麼功德多福報錢財就會多。但什麼因素會使得你的錢財進不來?依理而推就是缺乏功德，或是還不到功德轉福報的時候。基於上項原因，使得每個人在拜財神時，各自有不同的感覺與效應。

筆者的「這樣拜」系列書中所寫的：三赦、三庫、引導神，就是根據以上邏輯推衍而來。當初獲得神尊指示可以書寫這一系列時，神尊指示說這一套方法是因應末劫時期的眾生所開的方便法門，讓每個信仰者在「消業」的同時，還能滿足個人不同的願望，將所謂的修行假托於隨心滿願中，一方面達到靈性的淨化，一方面完成在世爲人的責任義務。

當初還不是很能明白神的意向，後來逐漸聽聞有些拜財神的朋友說，拜財神有時眞會飛來橫財，但讓人納悶的是這些神所賜的財，似乎不怎麼容易留得住，於是對照當初神尊所言，似乎可以慢慢理解「業力不消，財留不住」的狀態。難怪神尊們常說**赦因果重要於補財庫**，消化了與冤親債主之間的借貸關係，即使財運還未進來，起碼現有的財物也不會因業力的催索而消怠。這就好像玩股票的人常說的設定「停損點」，漏財的原因只有業力一事，把因果業力化清，漏財的問題自然也就停損了。

很多朋友常問我，我懂這麼多拜神的方式，我一定常常去補財庫或是進財庫？事實不然，正因爲我懂的道理比方法更多，因此我更看重做三赦緊急停損避免財物繼續損失，也因此在書中一再重申辦「三赦」的重要性。

尋找自己的引導神，也就是爲了讓自己消業力、化三赦的過程更爲順暢，引導神就像我們靈體的父母親，當你們彼此之間認證了這道關係後，就會比原來的神與信徒的關係更爲密切。我們可以試想一個畫面，當你還是小孩子時，你打傷了另一個小孩，有一個陌生的大人帶著你去登門道歉，對方小孩的父母反嗆：「你是誰？憑啥跟我道歉？」換個場景，如果你有個當官的父母帶著你去道歉，對方認同你們間的親屬關係，並瞭解你父母的背景後，大多也願意彼此坐下來和平協商。重點不在你的父母是什麼人，而在於你與父母間「名正言順」的親屬關係，所以，你此生的父母是屬於生你肉體的父母，他們辛勞勤勉供你成長，爲人子女謹守孝道是天經地義之事；引導神是你的靈體父母，它們守護你的精神能量，在任何時刻都能不憂不懼。肉體與靈體的結合，在修行者來說，稱爲「復古收圓」，在道法來說稱爲「天人合一」，在陰陽家來說，稱爲「陰陽調和」，要獲得以上這些說法，你可以透過自體潛能開發、氣功、靜坐等等方式，求得以上的身心靈提升，而借用引導神的神威，則會是諸多方法中最快速以及最多元有效的方式。（關於「三赦」事宜請參閱拙作《這樣拜才有錢》；「引導神」事宜則參閱《好神引導，一拜見效》）

24 引導神只能有一個？還是有越多位引導神保佑越好？

從開始出版《好神引導，一拜見效》至今，有許多讀者都在反覆的問這一問題，但筆者在書中卻從未提及過引導神越多越好，反而一再強調**專心對待一位引導神，勝過尋找多位引導神**。一味的把時間耗費在重複尋找引導神的事情上，反而忘記了你爲何尋找引導神的初衷：當初不就是爲了找到一位強而有力的引導神，幫助現在的你度過難關？既然已經找到，不就應該好好跟祂「合作」，共同創造對彼此有利的「福報」與「功德」？怎會把時間浪費在不斷的重複尋找引導神這件事情上？

年前，有位讀友來信，說她按照書上的方式，在某廟得到天后媽祖的三聖筊成爲引導神，但事後她很擔心天后媽祖是不是眞的已經成爲她的引導神，於是她又去某間宮廟請示通靈師姐，師姐告訴她，她的本命元神是來自無極天混元九龍逍遙聖母，元靈格局很高，只是因打破聖母金杯，因此被貶人間受罪，今生應該努力修持回歸本命元神。

就因爲通靈師姐說她「靈格很高」，使她對自己的過去與未來產生諸多美好想像，幻想著有一天回歸仙班點指成兵神通廣大。於是，她努力的「持修」，跟著師姐到處上山下海辦法會超渡亡靈，通靈師姐也全力挺她，今天帶她去接九皇媽，明天帶她去接令旗，後天又帶她去靈修，行程滿檔她也跑得心滿意足，似乎回歸仙班之日不遠矣，至於當日三筊所得的引導神天后，早已因忙碌的「跑攤」拋諸腦後。

而此時她的家庭卻開始產生變化，丈夫、子女開始對她有怨言，抱怨她把太多的時間放在「修行」上，簡直到了走火入魔的地步，而她卻認爲家人不了解她的用心，使得彼此間的誤解與隔閡越來越大，在一次夫妻的激烈爭吵中丈夫終於說了狠話，如果她不停止她的「修行」，他們只能終止夫妻關係，她來信問我她錯了嗎？

站在我的傳法立場，我必須說她錯了，把事件還原回到當初爲何要找引導神一事上，由於自己的自我信任感不足，明明已經找到自己的引導神，卻因不夠自信而求教他人，因此造成此後諸多問題的衍生。但當初是爲了要「回歸仙班」而找引導神的嗎？我相信絕對不是，當初只是想藉由神尊的幫助，得到改善現實環境的途徑，卻因揣想一步登天而忘記本來的目的，這是許多人對拜拜極容易混淆的地方，誠如很多人都在念經，但最初想念經的那個念頭，在念經多年後早已淡忘殆盡。

找引導神與念經是一樣的道理，妄自以爲找更多的引導神、念更多的經就可以獲得更多的幫助，如果是這樣，人人都去找引導神、念經，這世上豈不是沒有窮人？「**神佛的存在從來都不是為了幫我們解決問題，而是教會我們如何解決問題。**」

對於平凡的我們來說，拜神並不是為了修行（但若真能體會拜神的意義，也等於在修行），因此我們並不需要晝夜六時念經禮佛，也不需時刻上山下海辦法會做功德，這些都是修道人和出家人的事，而我們應當做的事是謹守各人的本份，提昇自己的層格。例如你身為父母的子女、子女的父母，你對他們有應盡的義務與責任，而你自己也應有對自我的期許與欲望。你會想著如何孝順父母，給父母最好的奉養；你會想如何給你的子女最好的物質、你也渴望有一次環球之旅、你也想提昇你的社會地位，獲得他人的肯定；你也想早日還清你的債務，甚至還有點存款等等。平凡的人有欲望不是罪過，因為有這些欲望才會推動你向前邁進，只是欲望的追求應建立在知足常樂的基礎下，利他樂己一切圓滿。

正因為我們是平凡人，所以能力發揮到極致卻事倍功半時，才會渴望獲得協助。你可以透過你的人脈資源找到幫助你的貴人，也可以透過宇宙能量圓融你的現實環境，這就是我寫《好神引導，一拜見效》的目的，我教各位如何找到能幫助你度過今生難關的引導神，而不是誤導大家拜神修道逃避自己今生的責任。

基於此點，初入門的人只要找到一位引導神，與祂密切配合，由祂帶著你的靈魂體，穿越前世今生，化解因果業力轉嫁功德福報，恆常而往沒有不竟功者。

至於應該如何與引導神密切配合？首先你必須打從心裡百分之百的信賴祂，信賴的程度猶如母子關係般，祂如母你如子，要知道世間最可靠的親情就是母子關係，唯有父母對子女的愛不求任何回饋，而子女不管貧富也總想光耀門楣榮顯父母，彼此間是榮辱與共金石不分的關係，與引導神之間的信賴也應如此。

建立了這層深厚的信賴關係之後，就可以請祂爲你做主辦理各種因果業力化清以及轉接功德福報，成就你今生的圓滿（我常戲稱爲今生富貴）。引導神爲了你付出一切，而你要爲引導神做什麼？人不要只懂得伸出手對神予取予求，也要學會如何回饋神尊恩澤（這點極重要）！當你還是孩童時，你可以跟父母伸手要錢，當你成人之後就要學會拿錢養父母，對引導神也是如此，回饋引導神的方式有很多種，例如量力捐助引導神的廟宇、量力捐助慈善機構幫助他人，或是宣揚神威讓更多人因你的口碑而親近引導神等等。我們得到神尊的庇佑，然後做出同等的回饋，這是很公平的事情，神如父母不求回饋，但身為人子豈能無回饋之心？

懂得對等回饋的人，我認爲就已經在拜神的領域中得到珍貴的成長，不要一味的只想要不勞而獲的乞求憐憫，在「施」與「受」的距離中，你也必須學會善用你僅有的力量，與你的引導神併肩奮戰，平衡兩者的差距，唯有這樣做（成長），你才會深切的體會到拜拜的意義與金不換的神蹟。

前面提到的讀者顯然也犯了這種「貢高我慢」的問題，因此失去辨識爲何要拜神的本念初衷。任何重新開始的最佳時機就是當下，當你釐清你爲何要拜神時，你就不會天眞的以爲引導神越多越好，當你知道引導神與你之間的關係時，你即已得神威相助，不要再一心以爲你只是嗷嗷待哺的雛鳥，只是你不知在引導神的眷顧下，你早已羽翼豐滿可以振翅飛翔。

25 是不是找位階越高的神明當引導神，祈求的事情越靈驗？

神尊在我的歸類中，至少可區分爲兩種，一是修道神，一是世間神。

修道神如：道德天尊、元始天尊、靈寶天尊，或是佛教諸佛，例如觀世音慈航普渡六道眾生，阿彌陀佛接引西方、地藏王救拔地獄亡靈等等。

如果把宗教看成是一間大型的綜合醫院，每位神佛都負責不同的科別，你必須針對你的症狀找到對的神佛醫生，才能幫你對症下藥。假如你得了「缺錢病」卻去找專門負責接引西方的阿彌陀佛，就好比你眼睛痛卻去找腸胃科的醫生，那就無法對症下藥了。又或者你的事業出現瓶頸，卻去找專修眞空妙有的元始天尊，那也無法藥到病除，原因都是：祂們都是修道神或是專司無形體的佛陀。

修道神，通常我是運用在修道上，例如有一天我圓滿了我人世間的責任之後，我的肉體行將就木，這時往性靈的方向提昇，則必須借助修道神達到晉升的目的。而在人世間，若我要達成我的願望或責任，就要快找世間神幫忙。

所謂的世間神又是指什麼？就是泛指所有經過肉體修行達到神格的神尊，例如媽祖、順天聖母陳靖姑、眞武大帝（玄天上帝）、關聖帝君、呂仙祖等等，祂們曾在人間歷練，對人世間的各種需求較能感同身受，非經肉體修行的神佛，如阿彌陀佛、藥師佛、大自在王佛等等，祂們就像是小說家筆下的人物，從來不曾眞實存在人間過，祂們都是釋迦牟尼入定時所見景象轉述出來的無形界能量體，而釋迦牟尼爲了有所區別才賦予祂們各自不同的名號，以供人們辨識。

由於釋迦牟尼的法門倡導四大皆空，明心見性回歸淨土不染五濁惡世，因此，當時祂所接引出來的聖靈都是屬於修性靈，藉由這些聖靈幫助人世間的受難者得渡超生。但聖靈們對人們眼前所受的苦，是以包容接受的態度教導眾生學習忍耐，一生甘願接受業力折磨之餘，並且願意持力念佛者，臨命終時必得諸佛接引。

釋迦牟尼傳法的時空背景是印度的種姓制度時期，所有的社會地位都來自於世襲，王公貴族永遠是王公貴族，賤民永遠是賤民，在此一政治制度、社會體制不可改的情況下，釋迦牟尼只好用來世法鼓舞大眾。祂對貴族說法，印經、供養、建廟可使他的榮華富貴生生世世；他對賤民說，老實念佛念到一心不亂，來世可降生於富貴之家，不受今世之苦等等。無法改變現實環境就必須改變人心，這就是當時釋迦牟尼的偉大之處。

但現今時空背景已經截然不同，自由時代讓每一個人可以隨心所欲的改變自己的環境和地位，過去因環境使然，不得不放棄物質欲望而直接趨向心靈追求，而現在人們可以試著先滿足己身的欲望再往靈性前進，兩者雖方向不同但目標一致，最後都是往心靈淨化之路走去。

所不同的是，古人心性淳樸物質欲望較少，可專心念佛者多，今人物質欲望多、生活忙碌追求個人成就，可念經的時間相對減少，因此必須有另一種有別於修行的方式，讓大家都有機會在當下圓滿因果業力輪迴，並在今生成就自我。

要成就今生自我的另一種方式就是透過世間神的引導，但我並不是強調僅有此法別無他路，而是提供另一種思維讓大家參考，在別無它法之下或許不妨試試祂的威力。

世間神在成爲神祇之後，仍然必須繼續向上提昇到達修道神的境地，而能幫助祂們提昇神格的方式就是利益眾生，幫助前來請求協助的眾生完成願望之後，眾神們便可憑這些累積的功德繼續祂們的修行之路，這是祂們升格唯一的途徑，自古皆同。

而世間神與引導神又有何區別？世間神可泛指諸神，引導神指的是與你有關係的神祇，你和你的引導神之間可能存在著家人關係、師徒關係、朋友關係等等，這些前世的關係你肯定不會知道，但你的引導神鐵定知道，所以你必須透過擲筊的方式獲得神意，當你擲得三個聖筊之後，再經過接引導神的儀式，你們之間的關係就會被認定。

這種方式很像佛教中所謂的「授證」，話說釋迦牟尼前世還是賣花童時，有一天得知燃燈古佛到來，祂先在燃燈古佛必經之路撒上花瓣、俯身讓燃燈踩背而行，後來燃燈古佛授證他來世爲人間導師，因此，燃燈古佛就是釋迦牟尼的引導神。

當你得到你的引導神認證後，你們之間就成了榮辱與共福禍相倚的生命共同體，你們之間存在著幾種關係：

1、引導神幫助你消化業力。

2、引導神幫助你轉接福報。

3、你幫引導神行功造德。

4、彼此相互提攜共乘道法。

「引導神是不是位階越高越好？」這問題有點可笑，位階高是出自人心想攀附權貴的想像，位階高的定義爲何？在神界並無位階高低之分，誠如世人也喜歡計較佛、道高低之分，神界的高低是以功德多與少做區分，功德多則續往道法前進，功德少則留人間繼續奮發。

因此，人們對神不應有位階高低之分，而應感念祂們還能繼續住世協助我們。另外一點，可別以爲是你在挑引導神，事實上是引導神在挑你。你不妨想想，跟祂有因緣關係的人那麼多，祂爲何非選你不可?你若一旦起分別心，祂也會因你的信念不足而放棄提攜，直到你再回來懇求祂。

很多人似乎以讓神尊等待爲榮，以前有位同修的師姐，透過一位通靈人得知她前世的阿公是道德天尊，每每喜不自勝的說，阿公總是要她好好修持，但她就是不肯，還說反正阿公會保佑她就好了。所謂的頑石就是屬於這款，自以爲是又喜歡把阿公掛在嘴上，神佛不破因果啊，就算整個仙班都是你親戚，你自己的因果還是要你自己面對，**神並不是拂塵一揮就將你的欠債、婚姻、失業化為烏有，祂們只能教我們解決事情的方法和機會，並以祂的神格幫你背書，其他的還是要靠你自己處理**，你不動如山只等待神蹟顯現那就是癡心妄想。十幾年過去了，阿公的孫女依然業海沉浮，而她的阿公依然穩坐上位，悲憫的等待她回來。

每一個當下都是過去與未來，如何選擇你的未來就要看當時的你如何選擇你的過去。每一位引導神之於每一個人，都潛藏著我們不得而知的因緣，即使祂只是一尊小小的福德正神（其實是大神），對於你的今生祂也會有不可思議的力量。之前有一位讀者很失望的告訴我，朋友的引導神都是大神，只有她的是土地公，她感覺太寒酸上不了檯面。我告訴她福德正神是財神不是小神，而且她的福德正神引導神還說要把多年積蓄給她，助她先度過難關。果不其然，辦完三庫後她接到一筆歐洲訂單，解決了燃眉之急。後來她充滿愧疚的說她對福德正神太無禮了，一直問我該怎麼彌補？我回答她：「妳的土地公笑得很開心，祂壽誕時要妳買蛋糕請祂。」

26 請通靈的師兄姐尋找引導神，會比自己擲筊問更靈驗嗎？

如果你生病了，必須去醫院診療，你會選擇有執照的醫院還是密醫？如果你要公證結婚了，你會去法院還是找隔壁精通六法全書的王伯伯？

所謂的通靈人只是因爲他看事物的角度和深度與你不同而已，但針對相同的一件事，不同的通靈人則會有不同的說法，如果他們各說出不同的引導神，你豈不是要大費周章的上山下海到處接引導神？已歿的前法鼓山住持聖嚴法師曾說：「人人皆懂佛法，但各自解讀不同，莫衷一是如何依歸？」他給的答案是「依法不依人」，通俗的說法就是按照做人的道理去走就不會錯了。

不論請通靈人幫你找引導神或是你自己擲筊找引導神，這都是信心與信任的問題。大部分信心不足、怕出錯的人，總認爲透過他人決定自己的事情會比較安心，這就好像你到了賭場，想贏又不敢賭，於是把賭資交託他人，請他操弄你的輸贏一樣，全程中你由當事人變成旁觀者，輸贏之間你又得到什麼？

與其把命運交付別人手上，何不自己下場一搏求個淋漓盡致？神無語但神有意，透過筊杯的溝通方式，慢慢的就可以溝通彼此的心意，不用擔心你苦苦求得的三聖筊可信度，如果不是你堅定的意志戰勝你的懸念，怎麼會得到這珍貴的三聖筊？目前的科學尚無法印證全面性的神學，因此也不能以科學的無所獲片面否定神學。但心學可以印證神學，當你與祂心意相通時，神學已然存在，只有你自己心知肚明他人難窺堂奧。

以前的我也曾經因膽怯，想要透過通靈人得知我的引導神是哪位，但查詢的結果往往是通靈人對我苦口勸說，諸如：「母娘在哭了，孩兒怎麼還不回歸靈山？」又或：「先天一靈台，復古收圓眞自在、龍兒鳳女實悲哀，母在靈山等汝來……（以上請唸台語）」更有：「你帶天命要來修，不來業障會繼續來討」等等。乍聽時每每寢食難安，夜不寐時總會想，不過是打破聖母一個杯子而已，爲什麼會被嚴厲執行處分——被貶人間受苦？許多無法驗證的話語讓我無法理解「天理」，一個杯子影響我苦難一生更讓我無法釋懷……而我又那麼切切的渴望得知誰可以幫助我，於是，最後我選擇擲筊，然後直愣愣的按神意趨步向前，事後證明祂的神意在逐步實現。

也有人問我如何印證神意？印證神意與印證神的存在與否是兩回事，前者與我切身有關，後者是科學家的事。因爲我相信神學在前，所以俯身屈跪神前，當我如法祈求相助時，祂眞切的改變我目前的困境，讓我清楚的看見前面的路，那麼我就印證了神意，既已如此何須借助他人？

所以，**拜神求幫助不過就是那三心二意：誠心、耐心、懺悔心，以及敬意、謝意，具備了這些基本要件，求神無有不靈**。相信自己的心意、信任引導神的神意，兩者間構築出的通道，就如佛經上所描述的：「琉璃爲地金繩爲界」，你與你的引導神之間就容易成就彼此了。

27 找引導神，一定要找廟裡供奉的主神？還是配祀神也可以？

每個人與自己的引導神之間，都有一種神祕、密切的的因緣，我們可以這樣理解：在我們的共業圈中，有許多跟我有感情連結的人，這些人中有需要被拯救的，也有已經提昇神格的，祂們分布在不同的時空，而我在此時此刻必須找到與我存在同一時空的親人，由祂的神格功德幫助我提昇今生的因果業力，使得未來我也能將擁有與祂們相同的能力，拯救其他需要我救贖的親人，而現在我最需要先做的是救我自己——與引導神併肩合作。

看過我的書的人應該知道，我總是推薦大家去香火鼎盛的大廟尋找引導神，主要的原因是大廟的神尊都是受供於多人，相對來說功德也較多。獲得大神認證成爲你的引導神之後，可以透過祂的功德轉成福報幫助現在的你；另一方面台灣宮廟良莠不齊，時有斂財詐色之說傳出，暫且不論對錯，為了消弭這可能發生的紛爭，我總是鼓勵大家自己透過擲筊自己找到引導神，過程雖然較為辛苦，但祕密只存在於你和神之間，不用假借他人之口，還擔心是否受騙。

我始終相信拿香拜神的人再壞也有限，有時是兩造之間溝通不良，或彼此間的價值認知不同，而引起紛爭或誤會。許多問題的造成大都是出自於自己的無知，既然如此何必假托他人？不如自己身體力行實地見證你自己的奇蹟。我的拜拜書出版至今，有許多人聲稱不可思議，也有人表示毫無所感，對此我無法表達任何意見，對我來說，出書教大家認識拜拜是我的任務，除了出版市場的考量外，更多的是使命感的原因，我從來都是以神的工具自居，即使人生中有了諸多截然不同的改變，我也視之為我的引導神的恩澤，因此，我將這些經驗寫出，幫助每一個願意嘗試的人。

至於為何效果不一？我認為原因很多，例如心態、信仰、目的……每個人不盡相同，另外就是每個人的因果業力不同，開花結果的時間自然也

不同。同一個時間辦三赦、三庫的人，有的人一周內看見效果，有的人一年後得到收穫，得到者自當感恩，未得到者也應將視之爲考驗，秉持信任與耐心，大都能在快速的時間內看見成效。

拜神最大的考驗就是等待，有位朋友原本是陪太太來拜神，從最初擔心太太花費太多紙錢在拜拜上，到看見旁人興高采烈的訴說自己的奇遇，最後他自己也興起拜拜的念頭。但拜了幾次之後，他不禁開始懷疑他所花出去的錢是不是會打水漂？爲此夫妻間也常有爭執，太太認爲拜神使得她的工作事業有了轉機，先生卻覺得毫無所獲，這對學經濟的他來說，幾乎等於是賠本生意。

有一天我帶他去接引導神，接完第三次時，引導神玉皇大帝示現要幫他，要他列舉五件這一生中所做過的好事，只要他能列舉出來，玉皇大帝就會相對補他五件功德助他。這原本是一件簡單的事情，也是一件好消息，但這時他卻迷惑了，他實在想不出他曾經做過哪五件好事，至今他沒再來找過我，而拜神的活動也在此時暫告一段落。

神從來沒有拒絕過任何一個有求於他的人，而是人故步自封自己錯過接受幫助的機會，朋友，這輩子你做過哪五件好事？

在眾多的神祇中，究竟引導神要從何找起？首先要先從你的性別確認找男神或是女神，雖說神界分陰陽不分男女，但我認爲男有分女有歸，初階時男性找男神、女性找女神，未來若是晉階時比較不容易發生矛盾。但也不是說男性找男神後就不能續找女神爲引導神，只是因爲未來若必須找較多的引導神，就已經牽涉到靈山修行的層面，而書中告訴讀者的，只是爲了增進我們個人的福報而找引導神，因此尚不需要尋找過多的引導神。

確認好你要找的是男或女的引導神之後，就可以開始找神請示是否爲你的引導神，通常是從你懂事以來所聽到的第一尊神祇開始找起。例如我的引導神是關聖帝君，而我在小的時候媽媽就常帶著我去拜媽祖，但因我是男性所以當時我先暫不考慮媽祖，於是又開始回憶除了媽祖之外，記憶中還有哪些男神？這時我想到媽媽每次拜神時都會跟我說：「天公最大管三界。」鄉下的阿伯也常在樹下對我們小孩子講三國演義，也讓我想到關聖帝君，憑著這兩點可能，我找到了玉皇大帝和關聖帝君的大廟，逐一擲筊後終於找到我的第一位引導神。

尋找引導神時也會碰到如下的一些問題：

1、主神不是引導神，配祀神示筊成為引導神。

在從大廟尋找引導神的原則下，只要主神或是配祀神應允，都可以成爲引導神。主神之所以成爲主神，是因爲祂的功德力夠，因此能夠入主大廟，配祀神就如同「準主神」，未來在適當的時機也會擁有自己的大廟，因此只要信守你與引導神之間的承諾，即使是配祀神也會發揮祂的大神力助你一臂之力。

2、獲得一位以上的神祇同意當你的引導神。

這種情況通常都是擲筊者在擲得一位引導神之後，由於信心不足或是接受他人的意見，繼續找尋第二位引導神，結果同時出現兩位以上的引導神。

不管你想找幾位引導神都沒有關係，只要你和引導神之間能信守約定，並和所有引導神之間都能一視同仁不會顧此失彼，能獲得諸神的庇佑絕對是好事，只是我認爲初學者不需求多而要求靈，只要一位引導神願意幫你，勝過你到處求神拜佛。只是引導神過多時，有時難免造成奔波忙碌，自己可要有心理準備。

28 有沒有什麼神是不能當作引導神的？土地公、三太子、月下老人都可以嗎？

引導神的定義，是指透過祂引導你圓滿的度過此生迎接來世。來世你會成為什麼樣的人、具有什麼樣的社會地位不得而知，但「欲知前世因，今生受者是；欲知后世果，今生做者是。」以三世因果來推測未來，只要窮盡今生體會：**功德可轉福報，福報由功德所積**，那麼從現在開始就這樣持續進行，不但可改變今生也可扭轉來世。而引導神則扮演手把手與我們齊步走的守護者，由此你可以自行沉澱你需要什麼樣的引導神？

若是明白你的今生所需，我想你就懂得如何選擇你的引導神，而不是病急亂投醫的瞎闖。前不久還有讀者來信問我能不能請「萬善公」當他的引導神？我問他是什麼因緣促使他想找萬善公當引導神？他說萬善祠就在他家隔壁，以後拜起來方便。我問他知不知道什麼是萬善公？他說他不知道，只是看見拜拜的人很多，符合我強調的「香火鼎盛」條件……他的回答很讓人無言，給他是或不是的答案都是兩面不討好的事情，說是可能對他沒幫助，說不是又可能得罪萬善公……兩難啊。

在《好神引導，一拜見效》一書中，一開始就解釋了神有分陽神與陰神，一般都是找陽神爲引導神，例如：玉皇大帝、玄天上帝、關聖帝君、東華帝君、孚佑帝君（呂仙祖）、三清道祖、金母、地母、媽祖、九天玄女等等，爲何要找這些位陽神，書中已不斷重覆說明，在此不再贅述，但個人以爲拜神祈運找引導神之前，應當謹愼考量清楚你爲何要找引導神？希望祂具有什麼樣的神威？希望祂能幫你什麼？把這些考慮清楚就不會急就章的找引導神了。

台灣宗教盛行，許多人滿口的「修」，但大部分的人都很懵懂「修」是什麼？爲何而修？要修成什麼？但在我的書中我們從不談「修」，我們談的是「拜」，怎麼拜對你是最有利的，透過神威圖到你想要的利之後，你還要明白你的利得自神恩，因此要學會感謝、回饋、護持神恩，使得你的福報與神的功德形成一套良好的自動循環機制。這個機制一旦形成，你就能夠排解因果業力的箝制，使得你的靈性達到自在安樂利己利他，這時就達到了所謂「修持」的目的。

佛家所說的：「心平何須持咒，行直何必禪修」就是這個意思，只是佛家以放下欲望做爲出發起點，而我們以「拾回欲望」爲起點，欲望滿足了，你就能體會心靈的充實大於欲望的滿足，這就是尋找引導神的用意。因此，每個人若有心一試，都應該謹慎的尋找引導神，因爲這牽繫你的前世、今生、來世甚巨。

若你平常也到萬善廟、土地公廟或其他廟宇參拜，這是很好的活動，只是拜神與找引導神的意義不同，大家必須學會分辨，通常我到一般廟宇參拜，我的祝禱詞大都如下：

「奉香拜請○○○○○神尊在上，弟子今日來本廟奉香參拜，在此願以我師尊之名，恭祝眾神香火鼎盛神威顯赫千秋萬世，並祈共仰神恩同登仙道。」簡單隆重的誠信祝禱就完成了參拜的目的，豈不神人共樂？

29 辦理天赦、地赦、天地渡化時，一定要找廟中供奉的主神嗎？

辦天赦時通常都是請玉皇大帝辦理，地赦是請地藏王菩薩或是東嶽大帝玉成，天地渡化請觀世音圓滿。

許多人至今對「三赦」的含義還不是很清楚，「三赦」是屬於「拜拜開運」學中，請神尊轉接今生福報善緣的第一步，又稱爲「清赦法」。這個法門是當時東華大帝所傳，只是後來的道家弟子耽迷於個人修身成道，又受佛法禪定的影響，此後避而不談獨留古文記載。

輪迴若是時間的軸線不停的隨著軌跡轉動，那麼凡走過就必然留下痕跡，這些痕跡短程的可稱爲記憶，例如昨日之事、去年之事、兒時之事等等，稱爲肉體的明意識；長程的痕跡無法透過明意識而有記憶，它會轉化爲你的下意識或是潛意識，例如你喜歡某人、厭惡某人、喜歡某些東西、不由分說的討厭某些東西；對某樣技能你特別擅長，對某些事物就算花了很多時間也是一竅不通，這就是你的潛意識，這些記憶的最深層可以追溯到前世對你有所影響的人事物。

在上海靜安區的街頭，有位老先生約六十來歲，他用鎳線扎成許多小玩意，機車、腳踏車、變形金剛等等販售，只要你有圖給他看，他幾乎都可以做出來。他說他原本是內陸種田的農夫，有一天家鄉市集來了一位賣這些玩意的攤販，他在旁邊看了一下午，回家後他用鐵線自己依樣畫葫蘆，發現既簡單又比種田輕鬆，於是五十多歲時離開老家隻身來上海開創事業「第二春」，將販售所得寄回老家給兒孫，老人說他沒念過書，但他就是天生會畫建築圖，老家親友的房子都是他「設計」的，他的特殊技能除了說是前世記憶之外，我想也找不出更好的解釋。

已故國學大師南懷瑾先生也曾在他的書中提過有關前世記憶的事

情。他說他幼時曾見過一位大字不識幾個的挑擔剃頭郎，能說得一口順暢的英文，連老外都訝異這鄉下老頭竟能說得一口道地的英國腔，剃頭郎說他是有回摔了一跤撞到頭，醒來後他就會說英語了。

在你現在的人生中一定也遇到過很多不可思議的事，某些地方好像曾經去過，某些人好像似曾相識，新鮮的、陌生的事物總在腦際閃過熟悉的畫面。而某些時候你也會無法理解，你對那些人毫無惡意，而他們怎老是會妨礙你；你也許經常跟家中的兄弟姊妹爭吵，但卻與初次見面的人情同手足……這些無法理解的現實，或許只能用前世記憶做短暫理解。

六道之中我們有幸輪迴人道，這說明在前世的因緣中，我們必然有功有過，憑著功過相應才免墜畜牲、餓鬼、修羅，既然能重回人間爲人，那必定是因循著個人的因業回來接受果報。但接受的方式是不是只能逆來順受？或是一味的皈依任何宗教，念經、禮懺、禱告？

如果人生的際遇如同一條長河，從前世循流至今生，從今生再流向來世，在流動的過程中，會有順流的時間點，或可稱爲享受福報，若是逆流或橫遭阻礙，則稱爲受惡業報，統稱爲受「果報」。但現在的「果報」會成爲未來的「因業」，隨著你的時間之流繼續前行，人們害怕一切惡業報，於是無力感充斥時，只能依靠宗教祈求解脫當下的困境。

假若你同意時間之流的說法，那麼該祈求的並非宗教而是神祇，因爲你無法用現在的肉體回到前世解決困擾你此刻「惡果」的「前世之因」，所以，你必須借助聖潔的靈體（神），帶著你的靈魂體穿越時空，解決你前世的因業，解決若果那麼你現在的問題就必然可以迅速獲得圓滿，讓你的輪迴（時間）之流得以順行。

神祇要能幫你解決問題，必須具備幾個條件：

1、神祇具有聖潔的功德力。

2、你必須具備懺悔心。

3、你必須具備感恩心。

4、你必須知恩圖報回饋神祇。

5、你必須理解功德可以轉福報，惡業得惡報的循環道理，要想生生世世不得惡報，則應心存善念積德積福，不再與人爲惡。

具備了以上的認知，神人共助莫有不應。

從消弭惡因惡業的理念下，衍生了「天赦」與「地赦」的個人因果概念。

「天赦」指的是上天有好生之德憫恤蒼生，願以其所成就的功德助佑所有懇求祂神威相助的人，這一點有點類似佛學中的「願力」，所有的佛在修佛之前必當發願：「我未來成佛以後，只要有人誦持我的佛號，不管他是什麼人，我必當聞聲救苦。」大家都覺得佛很慈悲，但佛的慈悲是有條件的，首先你必須信仰祂，否則祂也無法救你，因爲救脫的力量來自信仰。另外，不知大家有沒有想過，人透過修行之後成佛，祂已經可以自身跳脫三界不受輪迴之苦，但祂爲何還要發願救渡他人？說穿了佛也就是修行者，祂雖然修成正果，但祂若不去渡化他人，充其量祂就是得道之人，尚須接受業力的考驗，無法更深入的進入三摩地清淨之土。直接來說，就是佛等同是神，一樣需要功德才能更精進，所不同的是神管世間人的世間法，佛一開始就放棄世間法投身出世法，因此佛強調人臨命終時，誦持佛號必得佛光接引。

佛爲何也需要功德？若按佛經所說古往今來成佛者百千萬億，但試問諸佛中你認得幾位？那麼多佛爲何你認識的那麼少？錯不在你，因受眾人供拜的就是那幾尊，所以你不認得其他的佛也是正常的。不被認識的佛就不被眾人信仰請託，那麼祂就失去行功造德的機會，而成爲「自修佛」，也就是佛教所說的小乘佛法。

「天赦」的辦理是神祇的善意，乍聽之下和佛學的願力有點相似，但又不盡然相同。「天赦」是請三界（神、人、鬼）大統領做主裁定，因此一般人要辦天赦時，大都選擇五臘日（請參考拙作《這樣拜才有錢》一書），先向玉皇大帝求稟，經玉皇大帝同意後，即可在天赦日準備四品禮物自行辦理。

如果你有接引導神（接法請參考拙作《好神引導，一拜見效》），當你在求天赦時就具有事半功倍之效，若尚未接引導神也可以求辦天赦，只是有引導神幫你背書會讓事情辦起來順利很多。如前所說，引導神與你之間具有祂「非幫你不可」的因緣，正所謂朝中有人好辦事，引導神就像當官的家人，有家人幫忙自然順利許多。

辦完天赦就好像你被宣判無罪或是易科罰金，接下來就要去找當事人協商和解，欠債還債這是天經地義的事情，但這些都是前世的事情，第一你不知道債權人是誰，第二你不知道你欠債權人什麼，第三你不知道你所欠該怎麼還。於是，你必須去找地藏王或是東嶽大帝，請祂們幫你把債權人約來兩造協議，由神祇居中斡旋，讓雙方取得圓滿各得其利，就好像人間的民事和解庭。

經過居間協調者（地藏王或東嶽大帝以及你的引導神）的勸說，加上你的誠意求解，債權人吐了一口怨氣後，通常就會接受協調者的勸慰而放棄對你追索前債，接受的條件通常是燒化四品禮物，透過神尊的功德力轉化爲債權人所需的要求，化解你與業力（債權人）間的恩怨，這就是所謂的「地赦」。

天地渡化的用意就是將業力送修觀音淨土，這世間妨礙你的有形物稱爲「小人」，沒有形體的就稱爲「業力」，在此我們敬稱爲「阿飄」。當我們透過神威與阿飄協商後，賠償了阿飄諸多的紙錢，彼此間便已經借貸兩平互不賒欠。但債權人阿飄是不具肉體的無形能量，取得你的賠償後它仍須等待輪迴或是再去找下一位債務人，雖說已經互不相欠，但念在昔日舊情，可以多做一個天地渡化，將阿飄送往觀音淨土修行，等待輪迴之期。憑著這份善意，未來在另一個時空相遇，彼此將情感倍增，或者若是觀音慈航普渡，你送修的冤親債主在觀音處修成正果，憑著你幫它送修的這份情誼，它也會感念而在必要時對你拔刀相助。

以前聽老師傅常感嘆的說：「寧與鬼爲伍不與人爲友」，以前體會不了這句話，總覺得鬼是何等可怕的東西，避之唯恐不及還與之爲伍？現在自己也當了師傅了，慢慢能體會阿飄說一不二的思維遠勝過人心不足的貪婪。

許多人或許會覺得奇怪，業力送修為何一定要觀音？不可以是其他神佛？主要是因爲觀音在佛道兩家中，是被共同認定的，也就是說有華人的地方就有觀音菩薩，不管道家或是佛家，對觀音都是充滿景仰與崇敬。而源自於共同的信仰，觀音擁有眾多信徒，並相信在觀音的守護下每一個人都可以得到圓滿的解脫，因此天地渡化請觀音幫忙絕對是不二人選。

辦「三赦」時，原則上以找大廟主神為主，若是真的無法找到主神，請配祀神幫忙也可以。但有一個原則請務必記得：辦「三赦」是爲了解決你自己的業力問題，因此不要因陋就簡草草了事。據我所知，有很多人是抱著嫌麻煩、敷衍了事的心態在辦自己的三赦，因此懶得去尋找主神的廟而想就近方便，既然你花了時間也花了金錢辦你自己的事，何不力求完美圓滿？

30 一定要做完三赦、接完引導神之後才能辦「三庫」嗎？沒找到引導神就不能辦「三庫」？

回答這問題前，要先說另一個問題：到底要先接引導神或是先辦「三赦」？如果你不想接你的引導神，就可以直接按照書上所說的方式去做「三赦」或是其他等等；若是你想找到你的引導神，並且請求祂助你一臂之力，那麼在辦「三赦」或「三庫」時則能增加事半功倍之效。

宗教的法門向來自在安樂，不應以生硬的教條束縛人心，你可以自己考慮什麼方式最適合你，而你自己希望達到什麼樣的效果，對我來說，想怎麼收穫就該怎麼栽，從來沒有守株待兔卻能和辛勤努力的人獲得同等的待遇。

在上海時認識了一位同鄉，初次乍見她就驚惶失措的說她的事業出現瓶頸，缺乏貴人提攜，要我幫她補財庫接貴人運。我笑著問她：「妳去醫院看醫生，會不等醫生檢查就直接要醫生幫你打強心針？」人往往因爲過於自負或過於恃強而漠視對專家（神）應有的尊重，我一向的態度是「神說了算」，即使經驗所得知道當事人所犯何事，但仍然以神旨爲依歸，人與人之間應該力持尊重，更何況對神應有的恭敬更是不容漠視。

聽完我的解釋她便與我去廟裡請示三官大帝，如我事前所猜測的，三官大帝連續賜予三個「蓋杯」表示祂不過問此事。她跪在神前很不能理解的說：「怎麼這樣？神不是應該都很慈悲？」沒錯，神佛都很慈悲，但神佛只對有誠心、懺悔心的人慈悲，如果神佛不分青紅皂白濫用慈悲心，我想祂也無法坐在案上受人香火供拜。祂知道你的過去、未來，當然也知道你現在的問題，但問題的發生是你自己所做所受，如果你無法表達你的誠心悔意，祂也無法介入你的因果。**要知道神尊是協商者，你若仍然倨傲不恭，祂如何帶著你與業力協商？**

這位同鄉小姐似懂非懂的點頭，但仍不放棄的再問是否有其他方法請求幫助？因此，我建議她接自己的引導神，再請引導神幫她化解現在的問題。幸好她本身的靈格很高，很快的就找到靈寶天尊是她的引導神，但問題來了，梨子表面若只是出現一個黑點，剖開梨心應該已經一片腐黑。靈寶天尊細數了諸項她前生之過，並且表示過去已經給她太多機會，但她仍不知悔改，如今靈寶天尊也善門難開。

她聽過我的「翻譯」再加上擲筊確認之後，眼泛淚光的說她願意改，未來若是有再起之日，她一定會行功造德答叩師恩。經過多次的交涉之後，靈寶天尊要她先抄寫十四部經文後再來接引導神，對於靈寶天尊的抄經指示當時我也很納悶，如果前世眞的作惡多端，抄寫十四部經眞的就可以化解前世因果？心裡雖然有這樣的疑慮，但仍然遵照靈寶天尊的指示去做……

前後耗費一個多月的時間，到第三次接引導神時，她也把她所抄的經文悉數帶來，這時彷彿耳邊傳來萬馬奔騰的聲音，又有天搖地動的感覺，她微晃了一下，跟我說她突然感到一陣噁心想吐，正想告訴她別慌亂時，乍見一位著青灰道袍老翁，倏地出現擋在她和眾多兵將之間，接著十四部經文忽然騰空飛起如疾風勁雨般的落下，所有兵將盡得一部，然後急急退下，整個現場又回歸原有寂靜。整個過程不過數秒時間，但彷彿觀看了一部完整的古裝電影。

在那當下我終於明白靈寶天尊要她抄經文的用意了，神尊果眞是慈悲，祂將這些經文以祂的功德力，幫她還給前世的冤親債主，讓這些業力不再向她追索。

此時，她若有所感的跟我說，剛才有那麼一段很短的時間，她感覺到被一種無形的力量緊緊的抱住，彷彿在保護她一樣，當那股力量消失時，她整個人感到無比的輕鬆。我把我「看」到的景象也如實的對她說了一次，她眼眶微濕的說，她從小就沒有爸爸，剛才那一瞬間她感受到的那股力量，就像是得到爸爸的保護一樣。

辦完了接引導神後，我告訴她可以再回去請三官大帝幫她處理財庫和接貴人的事情，在三官大帝那兒擲筊，先是得兩個笑筊，此後便是連續得聖筊。有時別太擔心你看不到神意，眞的有心兩個筊杯就可以印證神威的存在，並不是當師兄的我們就比較厲害可以解讀神意，這完全取決於你的誠意與細心的窺測神意，不疾不徐不忮不求順勢而爲，在很自然的情境下你就能與神尊心意相通。

根據上例，你可以自行判斷要先辦「三赦」或是接引導神，先後順序是按照你的需求而定，並不是強迫性要求，適材適用才是拜神拜出自在安樂的基本要件。

辦「三赦」、「三庫」都是同樣的道理，唯一不同的是必須先做完「三赦」再做「三庫」。「三赦」是「治病之藥」，「三庫」是「養身補藥」，身體的病如果沒有治好而先行用補藥，會因虛不受補，補藥反而變成毒藥或是不見效果。**業力若是先不清掉一些，即使你花再多的錢補庫也不見功效。**

有很多人喜歡請財神賜財或是找福德正神借財，爲何有人大呼靈驗爲何有的人徒呼負負？主要的原因就是在於業力化清了嗎？業力就像擋在你家門口的石頭，不把石頭搬開，眾神就無法把錢財運進你家中。化三赦就是清業力的基本法，其他化業力是根據個人事件而選擇其他的方式，因此無法在書中教大家，但只要勤做「三赦」，未來因緣際會在引導神的安排下，也能進階到個人因果的淨化。但「三赦」畢竟是基本功，就像練武術的紮馬步一樣，基本功做足了，要練任何招式也就容易了。

31 辨完「個人業力」就等於打開人生運勢了嗎？

辨好現階段的「個人業力」，就是指針對現階段的問題予以解決，但並不表示未來整個人生就可以高枕無憂。民間傳說男人忌逢九女人忌逢0，不管逢九或逢0，都是以十年爲一個計算單位，至於十年中有多少年享受福報，有多少年接受業力催討，則必須看個人的功德力多寡而定。功德多業力催討時間就短，功德少業力催討時間就長，在命理學中有一套計算業力催討多久的公式，可以求知業力何時出現。

業力催討通常都是六至九年的時間，這一段時間你會覺得備嚐艱辛徒勞無功，甚至多年的努力在這幾年中蕩然無存。以民國年次四字頭的人來說，這段業力年多發生在四十八歲以後，五字頭和六字頭的人多發生在三十八歲以後，至於七、八字頭的人未來一生可能會遇到兩次以上的「業力催索年」。

「業力催索年」乍聽之下似乎有點可怕，但你可以想像爲這六至九年，等同於你的電量處於嚴重不足情況，必須趁這九年進行充電，等電充足後再進入下一階段的十年。但同理逆推，有沒有另一種充電的方式可以縮短六至九年的時間？有的，這就是透過引導神的功德力幫你快速充電。

透過引導神快速充電的前提是建立在你的功德力和神的功德力上，當你跪在神前舉香請求幫助時，引導神會先查閱你的前世功德有多少，再決定應該怎麼幫你扭轉逆勢，你的功德多逆轉速度就快，你的功德少甚至沒有，神就必須先以祂的功德幫你補（神多慈悲啊！人豈能不感恩？）這當中的一來一往都需要時間「熟成」，即使你再急（臨時抱佛腳）也只能等待神幫你圓滿促成。

個人業力辦完只能說是完成現階段針對性的問題，神先當領頭羊帶你在眾業力包圍下殺出一條血路，接下來仍應繼續配合引導神的指示，讓人生更趨盡善盡美，這就是爲什麼建議大家每年至少做兩次以上三赦的原因。

有那麼兩次幫罹患肺癌的朋友辦赦因果，第一位在辦時得閻羅天子指示，該人已經被穿上官服，即將返回天界述職，我對家屬表示痊癒的希望有點渺茫，家屬無言的說事實上醫生已經放棄治療，但我提議就算有點難度也應該先將他的肉體病症治癒，帶著健康的靈體返回天庭，於是我請家屬提列患者畢生所做的任何善事做爲呈報。

另一位則是在接受放、化療的二期病友，蒙閻羅天子包公指示，他是受祖業影響以致罹病，家屬說祖先曾是陰宅地理師，他自己也因略懂一些也幫人看，經請示包公之後，決定幫這位病友去化業力，除了準備四品禮物之外，也請他們提列病友所做的善事數條，屆時在辦理時請包公將功補過。

用了同樣的方式祭化：補元神、續命、合化、延壽等等，最後的結果是前一位仍然回天乏術。對於這件失敗的案例，家屬顯得特別釋懷，他的太太很感謝神尊的安排，讓他的先生在走的時候安靜祥和。

在此之前，化療的痛苦讓先生每次都苦苦哀求她別再讓他接受治療，而在那天的半夜，她夢見他的先生穿著一身的新衣，背後畢恭畢敬的站著若干個人，先生跟他說他要先回去了，以後再來帶她！她一下從夢中驚醒，當下發覺有異立刻到先生房間查看，先生早已斷氣多時，但臉色紅潤身體微溫彷彿睡著了般。

第二位病友在做完整個程序之後，有一天在做完例行檢查後，醫生拿著X光片和檢查報告對家屬說，癌細胞已經得到有效控制，未來只要按時服藥以及定期回院追蹤即可。家屬們心中莫不暗暗稱奇，當他們跟我說這好消息時，我也爲他們額手稱慶。有位治癌的專家曾說，癌症屬於慢性病，並不是猛爆型，而它的可怕是在於體內潛伏許久，等到發現時已經不可收拾。

這讓我想到所謂的「業力催索」也是慢慢的折磨你，而不是把你一次解決，就如同潛伏體內的癌細胞，經年的讓你的身體感到不適但又找不出原因，直到發現時都已是末期，這時又讓患者在有限的生命時間內，飽嚐死亡進逼的恐懼壓力。癌症發生的主因至今不明，但可以肯定的是長期精神壓抑迫使細胞病變，因此許多人提倡自然療法，透過飲食、律動控制癌細胞，而這些作法無非都是希望患者的情緒能得到有效舒緩，降低癌細胞的增生率。而在拜神的過程中，集合了眾人的共同感受，發現所有祈求的事件中，最先被改變的就是浮動的情緒沉實下來，而因爲堅實的信仰，心裡燃起再生的希望。

根據此點，我告訴家屬除了遵照醫生的指示治療之外，一年幫病患做兩次三赦，相信對病患的病情會有加分的作用，哪怕不做三赦只做地赦也會有很大的幫助。

拜拜至今，我最大的體會就是辦「三赦」的重要性大過於辦「三庫」，人不見得需要很多的財富，但需要萬無一失的健康，階段性的辦「三赦」會體驗到大事化小，小事化無的神蹟，那是一種無法言喻的恩寵。

32 辦「三赦」時，紙錢增加越多，是不是代表罪孽越深重？

辦「三赦」時，紙錢很多並不代表你的罪孽就很深重，呼籲大家不要看太多電視劇就被不正確的觀念影響。

拜拜時所用的各種紙錢都有不同的作用，例如「大箔壽金」或「叩答恩光」通常是化給陽神或是玉皇大帝，因此數量通常不會很多。但也有例外的時候，有一次陪朋友去辦天赦，擲筊問大箔壽金數量時，竟然破天荒兩百多支，著實讓我們瞠目結舌，請示了玉皇大帝之後才知道朋友之前曾經到廟裡去許願，但願望達成後卻沒有回去還願，因此才需要這麼多的大箔壽金。

另有一次是擲筊問甲馬時，所得的數量竟是一般的數倍。一般認知中，甲馬是化給幫忙的兵將做爲答謝之用，但朋友的甲馬硬是比別人多就很不尋常，只好再請示神尊，經過指示後得知他在過去的幾次化因果業力時，他的冤親債主大多被引導神收納爲兵將，兵將們爲了幫他儘快完成任務，因此多要了許多甲馬。朋友得知後放心大笑，一度他還擔心是不是他自己罪孽深重（又來了），現在知道是爲了加把勁幫他，就說再加多一點也沒關係。

燒化多少紙錢是由神尊決定，爲什麼有的多有的少？基於神威難測，相信神尊自有它的安排。但是若你對紙錢或多或少有所認識，有時也能從其中揣測神意。例如給冤親債主的紙錢大多是大銀、小銀，通常赦因果時這兩種紙錢會比較多，多的時候並不代表你的罪孽深重，也有可能是對方求償較多。但大家要明白一點，有時紙錢求索較多也會跟神尊的協商條件有關，這也就是鼓勵大家接好引導神後再辦赦因果的原因，多一位神尊幫你協商等於多一份力量，紙錢相對會少一些。

另一種原因就是缺乏「引渡文」，這種「引渡文」是由領有旨令的法師所書寫，有關旨令一事不在此說明，只是有幾次特意加多引渡文的數量，紙錢的數量也相對減少，後來才明白幫辦的法師也參與了業力協商，大家用彼此的功德力幫當事人協商，使得業力獲得眾神庇佑，因此紙錢的數量也就不需要那麼多了。

記得我的書上曾經寫過入廟禁忌，其中有一條：在廟裡要多說正面的話，避免負面的想法脫口而出。有些人在擲筊問紙錢時，看見紙錢越問越多時，總會不經意的說：「我一定是罪孽深重，所以才這麼多！」這話一出口，後面要問的紙錢可能就更多了！要知道當你在廟裡問神時，你身邊站著許多等著向你求償的業力，站在債權人的立場，大家都巴不得快點拿到你的賠償，但神尊知道你的能力不足以一次付清，於是正在幫你分前後順序，這時你突然蹦出這一句話，反而弄巧成拙幫了自己倒忙，引來一堆冤親債主爭先恐後向你求償。

通常我都會勸誡我的朋友們拜神時，小心「禍從口出」，保持一種冷靜沉著被動等待的態勢，不但幫了你自己也幫你的神尊好做事。最怕的就是心直口快或自以爲是的人，明明就可以順利圓滿解決的事情，卻偏偏喜歡沒事插上一句，使得整件事情峰迴路轉徒增困擾。

一個人如果眞的罪孽深重，我想在六道輪迴中他應該不會輪入「人道」，人道中願意拿香舉拜者，即使再大的罪孽都是有限的，因此不需要看到一點蛛絲馬跡，就杯弓蛇影的認爲自己如何如何，同樣的事情你也可以換個角度想，神尊派這麼多紙錢給我，一定是好運快來，所以要一次化清。人生中有許多事情都是一體兩面，只是看你朝陽光面想或是往陰暗面思考，最後的結果都是由你自己承擔。

33 辦「天地渡化」的時候為何要準備手珠？

如前面的提問中提到過的，「天地渡化」是一套將業力送修的儀式，透過「天赦」、「地赦」化清你與業力間的債務關係後，尚未得到輪迴的業力，透過你的「天地渡化」可以將業力送往觀音淨土，隨業力的意願師從觀音修行，或是在觀音淨土等待輪迴，重回人間受他自己的業報。

手珠是佛教的信物，最早是方便念經人數珠攝心之用，但時日既久，也變成佛教信徒的信物。「天地渡化」時供上手珠一串，就是把手珠送給被你送修的冤親債主，做爲彼此消盡惡緣喜結善緣之用，來世若再相遇，便以此珠爲證，無形中彼此留下好因緣成爲家人摯友。需知人與人之間的緣分，往往不是在相見的那一刻而是前世注定。

「天地渡化」的手珠也有可能是回家的信物，曾經有那麼一次，有個女孩辦完天赦、地赦之後，也如常的辦理天地渡化，辦完的隔天，她的母親跟她說，她夢見過世的婆婆來到她床前跟她道歉，女孩知道奶奶生前對媽媽很不友善，即使纏綿病榻，其他人都四處躲避的時候，媽媽依然侍湯餵藥毫無怨尤。直到奶奶過世時，奶奶把家裡最好的房產留給其他的叔叔、姑姑，而對早年喪夫的媽媽，只給了區區數萬，因此，她對奶奶的埋怨可見一斑。但媽媽除了暗地委屈偷偷流淚之外，從來沒有一句埋怨的話，她為媽媽抱不平，媽媽反而安慰她：「錢是老人家的，她想給誰就給誰。」

那次是奶奶過世多年後第一次讓她的媽媽夢到，奶奶除了對媽媽道歉之外，還跟媽媽說她要去跟觀音修行，會保佑她今生圓滿，說著舉起手跟媽媽道別。

女孩聽了媽媽說這個夢，也想不出這個夢的含意，這時媽媽又想到什麼似的說，奶奶舉起手時，她很清楚的看見奶奶手上戴著一串藍色的手珠，媽媽話還沒說完，她心頭猛地一驚：那不是昨天她辦天地渡化時，精心挑選的青金石手珠？她如何也想不到辦冤親債主送修的手珠，竟然是掛在往生的祖母手上，這遠遠超乎她對冤親債主的想像！原來一家人也有可能成爲冤親債主，這是她始料未及的地方。但爲何一家人也可能成爲冤親債主？一年後祖母再次入夢，她才隱約理解因果間的互待關係是如何的細緻縝密。

那一次媽媽又夢到了祖母，祖母對媽媽開懷的說，現在她終於可以回歸家族等待投胎了，她在夢中緊握媽媽的手，謝謝她在世著時媽媽爲她做的一切，現在她回歸家族，未來若能來世相遇，她願與媽媽再結骨肉緣，說完婆媳二人相擁而泣，媽媽於睡夢中哽咽醒來。

女孩跟我說這事時，除了感嘆三赦的不可思議外，她也意外的產生另一個疑問，祖母入夢如果是眞實的，那麼她所說的「回歸家族、等待投胎」又該如何解釋？這個問題也曾經讓我困惑過，後來我做了一個假設，如果有一個人在外工作打拚，不管受傷了、累了、倦了、睏了……這時你最想去哪裡？大部分的人都不假思索的說回家休息。

於是我又問會不會有人不想回家，而想去佛寺做短暫的心靈潛修獲取片刻安靜？朋友們總是稍做沉思後才慢條斯理的說：「從來沒想過要去佛寺休息。」

於是，我逐漸明白人如果有一天走到生命的盡頭，在彌留的那一刻他想到的應該是他的父母，回想著孩提時父母是如何的呵護他，長大成人後他又是如何離開他的父母，希望有一天帶著他的成就榮顯父母，直到父母老去歸西，他只覺生命無常，尚不覺天人永隔的悲戚。而生命的無常降臨到他自己身上時，他才猛然想到父母對他的照料，而他曾經以打拚爲名離開父母，在人生最後的回顧時，他對父母滿懷感恩也充滿愧疚，他希望回到他的家族，回到父母身邊重新當他們的孩子，因此，返回家族就會成爲大多數人最後最想做的事情。

如果回歸家族的欲望大過於回歸西方淨土，那麼西方淨土或是主的天堂就可視之爲「慈悲的收容所」，接納虔誠忠貞的信徒以及「無家可歸」的流浪阿飄。宗教的悲願開設淨土法門接引眾生，但淨土並不是生命靈體魂歸何處的唯一選擇，你可以選擇在淨土修行，也可以選擇回歸家族之路。

在佛陀的說法中，家族是七大業力之一（文見《這樣拜才有錢》），但也是與個人最息息相關的一環。每個人出生之後，必然先融入他的家族共業圈，在此後的人生與他的家族憂戚與共福禍相倚，因此有的人生於富貴之門、有的人生於小康之家或是貧賤之家，這都牽繫著你與這個家族之間的業力關係。

因此，有的人是來成就家門榮光的，有的人是來敗破祖產的，這些事情在我們的生活周遭屢見不鮮，然而我們卻很少想到，祖先的因果業力與今生的我們是這麼密切的關聯，你現在是你的家族的子孫，但你也有可能是你的家族的祖先，這道理如同上段所說，當你生命走到盡頭，勢必回歸家族稍做休息，但你仍有在世時未完成的事情，這時你必須待在你的家族等待輪迴，你才有機會再回到人世間完成你前輩子還沒做完的事情。

說來可笑，投胎輪迴需要透過男女交合父精母血才能結胎構成生命，當十月懷胎後你才能從母親的子宮「重新問世」。但你不妨想想，如果你不是與你的父母具有前世家族的因果關係，誰又願意用她的子宮把你生出來？所以，這不是醫學上所說的精蟲賽跑的故事，而是來自因果的序列分配，使得你有機會因家族的願力，重新回到陽間家族。因此，每個人都應該對自己的父母感恩，對自己的家族追崇，站在因果的角度來看，沒有你的家族成員你就只能進入佛陀的淨土收容所，或者成爲顚沛流離於塵世的遊魂。

很多大師都在講佛說道論法，但很少有人談到這個層面，這個層面是「本份」，但也最爲人所忽視。你也許曾經受人點水之恩而滿口感謝，但你何時曾向你的父母表達感謝他們生下你，使你可以繼續回到人間完成你的因果業力之恩？

從「天地渡化」的手珠講到家族關係，雖然話題扯的有點遠，但兩者是互爲表裡的作用，手珠既是結緣的信物，也是透過神力重回家族的信物。你並不會知道你送修的冤親債主跟你到底是什麼關係，但可以肯定的是，透過你的善念所結的善緣可以擴及一切與你有緣的陰陽眾生，若是念及如此，手珠的存在豈不是相對的重要？

34 補財庫時，元寶燒越多進財會更快一點嗎？

燒元寶燒得越多並不代表補庫、進庫就會更快，老話一句：神佛不破因果，你自己造的因就得自己接受這個果，假如沒有「業力」的前提，人人都可以不用承擔自己所做過的事，這個世界就會次序大亂，人人不用面對因果業力，一個勁的狂燒元寶而致富，那麼金錢就不會顯得那麼珍貴，大家都變成有錢人，錢財便會形同糞土不爲人所追逐。

人之所以成爲金錢的奴隸，就是因爲金錢難追，因此在人生的殿堂中，才被視爲至高無上的聖物。或者從另一個角度來說，因爲你控制不住內心的欲望之魔，於是只好耗盡一生餵養填補它的食肆，等到有一天驀然回首才驚覺此生爲誰辛苦爲誰忙？然而遲暮之年眼衰耳聵，今生無望只好寄望來生。人的宿命就是如此，今天期待明天，今年期待明年，今世期待來世，漠視現在的人生卻寄望遙不可及的未來，於是，人們把一切的罪責歸咎於貧窮，並且寧可燒一堆的元寶也不願意給自己一點時間，反省是不是自己的性格處決了自己的命運？

在台北的張先生一夜之間家道中落，帶著家人逃遁債主追索，在最逆境的時候，他嚎啕大哭感嘆時不我與。幾乎在同一個時間，上海的林小姐也面臨創業向錢莊借貸遭催逼的困境，他們在同一個時間做相同的補財庫，但是卻得到不同的結果。張先生在三個月不到的時間重燃生機，而林小姐依然陷入財務與事業的危機中，我曾經想過爲何不同的兩個人面臨相同的問題，用同樣的方式卻有截然不同的結果？

後來慢慢體會問題不在事件本身而是在個人不同的性格，張先生一開始就表現出認錯的態度（不是認輸喔），因此他虛心的接受並且同意償還，但這時的神尊指示，張先生過去攢積諸多功德，神尊願意發揮神威，將他的功德轉回來助他度過當下危機。但是林小姐一開始就認爲錯不在她，例如：她開地下賭場是因爲她窮，她要負擔家計還要單親撫養女兒，爲了增加收入她必須向錢莊借錢開情色酒店，即使她心知肚明這都是不正當的行檔，但一切歸咎於環境逼人墮落，於是她原諒了自己，同時理所當然的認爲自己這些不可收拾的事情，當她點上三炷香時，神尊就有義務幫她收拾爛攤子。

林小姐忽略了這些因果業力都是她過去的錯誤判斷所造成的，就像小孩子似的在外面做錯了事，卻跑回家不分青紅皀白要家人幫她承擔一切。神尊或許可以幫她解決一切，但她如果不知懺悔，仍然會重蹈覆轍，這樣一來神尊的幫助就會變得毫無意義。因此，當我們千拜萬託後，神尊無奈的表示願意再給她一次機會，如果她仍像過去一樣好了傷疤忘了痛，從此就再也撒手不管。後來果然沒錯，她稍稍鬆了一口氣之後，就再也沒回到廟裡答謝神恩，她仍然過著她三缺一的生活，或許她會好一陣子，但等到有一天福報用盡，當她想再回頭時眾神已經回天乏術。

而從頭來過的張先生，事業獲得轉機之後，他以感恩的心情拜得比以前更虔誠，他每個月從深圳返台休假那幾天，必定由他的女兒駕車全家全省走透透去做感恩之旅，對他們而言，現在的他們並不祈求特別的好，而是由衷感謝在即將邁入晚年之際，還能重獲新生，甚至家人間的感情比過去更爲密切。

光是燒紙錢、元寶只求財源滾滾，那不過是一種迷信的活動，而在燒紙錢、元寶的當下，你是抱著懺悔的心求賜新機，這才是燒香拜神的眞正意義，也因爲透過懺悔的心法，神威才能眞正刺激你的磁場展現奇蹟。因此，燒很多的元寶並不見得可以很快或讓你得到更多，多與少的關鍵在於你還剩下多少功德與多少業力，如果你不儘快的處理你的業力問題，即使你燒的再多，財神仍然不會眷顧你。

舉個例來說，業力好比一顆大石頭，它擋住了你家門口，縱使你力拔山兮氣蓋世，也無法移動它，既然你無法移動它，那麼當財神要把錢財送進你家時，無論如何祂也送不進來。因爲神佛不破因果，而因果是你自己造成的，在業力的石頭沒有化掉之前，你是鐵定無法拿到你燒元寶時想要獲得的錢財。或者，即使一時的得到一點小資小惠，沒多久之後也仍將回歸原本的匱乏，這時你又要去燒元寶，請財神幫忙了。因此，你要先動手請求神尊陪著你一起與業力協商，化除業力後你才能順利的得到財神的饋贈。

錢財是福報的其中一種，而福報是功德轉換而來，除了業力干擾使得你無法順利取財外，若你本身的功德有限，神尊所能幫你轉換的功德也很有限。以上例來說，當時失敗的張先生在風光時，曾經樂善好施，當他遇到業力催索的時候，神尊幫他取得往昔所造功德，轉化福報輕易幫他度過難關，眞正幫助他的關鍵是他自己過去的所作所爲，神尊只是輕輕一勾將他送回原來的位置而已。反觀林小姐往昔所造諸惡業使她一再飽嚐苦果，自己本身缺乏功德又不願從頭做起，即使神尊施贈功德，也只能救急而無法救窮。所以說福禍無門唯人自招，命運眞的掌控在自己的手上，當你決定對自己放手時，諸神也救不了你。

35 補財庫為何不是燒發財金而是燒庫錢呢？

本題存在著許多的誤解，先解釋補財庫時燒的是「補庫錢」而不是燒「庫錢」！許多人都知道「庫錢」是指入殮時，裝在棺材內的紙錢，希望往生者到另一個空間時可以有錢使用，但因爲兩者的名稱過於接近，因此造成許多人的誤解。

但從法術來說，給往生者的庫錢，有時也會運用於「招財術」中。例如茅山術中有一種陰公陰婆招財法，就是選擇陰日晚上十一點過後的時間，準備庫錢、符籙、咒語，焚香招請陰公陰婆，請祂們暗助你財源廣進。此法的唯一禁忌就是只能施法者一個人知道，若有其他人知道此法必破。另外還有一個後遺症，當你與陰公陰婆約定好每月固定的某一天，要燒化紙錢給祂們，如果你沒有按照約定履行承諾，未來你失去的必將比得到的更多。過去在學習法術時便親眼看見某些學長得到此法的幫助之後，由於忙碌或得意忘形，最後仍然被打回原形，目睹這些狀況頗讓我覺得白忙一場，因此堅決不用此偏法。

補財庫的紙錢有很多種，一般較常用的是「天庫錢」、「地庫錢」、「水庫錢」、「天錢」、「地錢」、「水錢」，此外還有「財子壽」、「貴財丁」、「古力皇」、「玉皇錢」等等。同樣都是補財庫的紙錢，但使用時仍必須根據個人條件來決定該用哪些紙錢，一般人對這些紙錢概念較爲模糊，因此，只要按書上的方式去使用，就足以獲得神尊最大的幫助。

「發財金」是近年來財神廟在台灣盛行之後，透過商業的手段以及信徒的需求所產生的新款紙錢。除了發財金之外，還有其他諸如：金條、美金、英鎊等等的新款紙錢，但這些紙錢在我的方法中很少使用到，例如美金紙錢便是一種畫蛇添足的紙錢，那是基於人們認爲美金比台幣大的概念所衍生，因此已經涉及現實的市場考量。一般我個人較喜歡沿用傳統紙錢，雖說傳統紙錢仍然不免存在當時的商業考量，但畢竟古時的民風淳樸，紙錢發明的最初用意，乃是以期望透過神威祈求冥陽兩利神人共安，基於這種質樸的初衷，使得我深信這樣的意念仍舊流傳至今，因此，在我所教的拜法中鮮少使用新款紙錢。

36 多久補一次財庫比較好？

補財庫是辦理「三庫」其中的一環，「三庫」是「補庫」、「進庫」、「開庫」，各代表不同的意義。**「補庫」帶有「防漏」的用意**，每個人都有自己的財庫，有些人的財庫不會漏，有的人的財庫漏很大，為此，在補財法中當務之急就是先止漏（漏的原因是來自業力），先把漏的地方止住，再求「進庫」才不會白費力氣。

「補庫」完成之後再請示你的引導神或是幫你辦的神尊，何時可以做「進庫」及「開庫」。「進庫」的完整說法是「進財庫」，但不是你所想的幫你進金銀財寶，而是幫你進「功德財」。功德財是怎麼來的？途徑有二：一是你自己的功德，請引導神幫你接回來，裝填在你的財庫內；其二，萬一你無功無德，就必須請引導神撥祂的功德助你一臂之力。因此，**「進庫」是指補充「功德」而不是立刻獲得現金**，但也有在「補庫」或

「進庫」時，就已經感受神恩獲得實質幫助，這是因爲此人具備了前面二者條件，一方面自己行功積德、一方面又蒙神眷顧，二者雙效合一又加上業力赦化辦妥，因此能在很短的時間內獲得效益。

就我的經驗而言，曾經見過一位上海朋友在一周之內，「莫名其妙」的復甦了他原本認定已經無望的案子。而另一位失業一年多的人，也在神尊的應允下，在第八天時接到原公司找他回去上班，不到三個月的時間，另一家更大的公司重金禮聘請他去上班。看到這麼多的神奇例子，不禁讓我想到「祕密」一書，該書內容是集結了所有「相信自己」所產生的奇蹟信條，但我認爲只有少數自我信念強大的人，才能在逆境中逆轉自己的人生。

東方人的思維與西方人的思維不同，西方人從小就被教育獨立自主，東方人自小就在團結與相互提攜的氛圍中成長，形成兩種截然不同的性格特質。「祕密」雖然是一套很有特色的激勵教材，但相對於過度模仿西方人行徑的東方人來說，最需要的應該是先培養自省與道歉的勇氣，唯有自省與勇敢的道歉，才能讓祕密成為眞正的力量，神威的力量更勝祕密，但祂需要你用眞心的懺悔做為開啓神威的密碼。

了解了為何要補庫、補庫的功能與意義之後，經過你的沉思與過濾，你應當能夠體會到要增加你個人的機運甚至財富，關鍵不在於你要補幾次財庫，而是在你的心理面與行動面，是否已經做足了懺悔並與業力化敵為友。

單元四

拜拜常見疑難雜症

筆者經常接到讀者來信，每位各有不同的問題，有從書中內容抓取疑點的，也有個人精神、情緒、感情、負債等等的，更有些光怪陸離的問題，琳琅滿目讓人大開眼界。雖說很想一一回答，但因有些問題僅侷限少數讀者，因此，無法在書中做大篇幅詳細解說。例如，有位媽媽來信說，她知道拜神很有用，但先生事業不佳，僅有的收入要負擔家用以及四名子女的教育費，她說她實在沒有多餘的資財花錢拜神，她問我該怎麼辦？我不否認買紙錢的確需要一筆開銷，但願不願意花這筆預算，或是該如何支配個人的錢財，則不是我能干涉的事情。就像另一位媽媽來信問，她每個月都有捐錢給某某功德會，這樣她還需不需要做三赦？

筆者是個傳法者，毫無保留的將這些經驗撰寫出來與大家分享，主要的目的是爲了讓大家能夠節約成本獲得更大效益，也基於爲自己的引導神行功造德，更是爲了讓大家透過自己的ＤＩＹ，免於遭受部分不良人士的誆騙。但筆者畢竟只是個傳法者，實在無能力也無權過問個人隱私，如果是經濟上的問題，在「這樣拜」系列的幾本書中已有說明，可以一次做足也可以依照能力化整爲零，逐次的去完成，因此，在決心用作者所傳之法試圖改變自己人生的前提下，金錢的取捨完全依據個人的決心，而不是傳法者所能干預。

另有讀者也提問，筆者的數本書，觀念大約一致，能不能再撰寫一些新的或特殊的東西？這個問題讓筆者有點啼笑皆非，如果筆者所書寫的內容不斷標新立異、推陳出新，那麼所寫的就不是拜拜的工具書，而是膾炙人口的言情小說了。好的方法必須經得起時間的考驗，不在於新而在於能否通過時間的考驗成爲眞理的一部分，並讓大多數的人認同。若不是基於貫徹這樣的理念，一念千年的佛經，是否也應在讀者的迎新棄舊想法下重新翻寫？

複製他人成功的途徑，按圖索驥不就可以如心經所說到達智慧的彼岸？不斷試驗性的接受新方法，只會白費力氣徒勞無功，或是像一位旁觀者，一味的爲他人的成功鼓掌而自己卻一事無成。

藝人演唱時場下擠滿搖旗吶喊的支持者，觀眾醉心於藝人精湛的演藝，並對其表演評頭論足，但最終藝人完成了一場盛況空前的演唱會，而你依然只是場下搖旗吶喊的群眾之一而已。成功並非偶然，沒有藝人背後揮汗如雨勤練歌藝舞技，你如何能目睹一場五光十色的表演？每個人都有自己的偶像，但偶像不是拿來欣賞，而是要學習他邁向成功的辛苦過程。

拜神也是相同的道理，膜拜時並非期待神尊的神威爲你幻化出什麼，人生是你自己的，應該去探討如何透過神力，也透過你的努力，將你的人生順利的推向你想要的位置。如此一來，你就不會期待筆者的書會不會爲你帶來不同的驚嘆，而是利用既有的方法嘗試照做，將自己推向順心充實的人生。

37 拜拜時香掉了、熄了、折斷了，是不好的徵兆？

有句話叫「杯弓蛇影」，用來形容某些拜神的人再適合不過。香會掉了、熄了、折斷了，應該好好檢視這些出狀況的原因，而不要自己嚇自己，如果真的情況特殊不妨擲筊請示神尊，但大部分的時候都是出自於膜拜者的內在心理因素：恐懼、期待等等原因，如果你心存正念，神尊豈會只是如此示現警告？強大的神尊通常是用未雨綢繆的方式在重整你的人生軌跡，而不是用這些輕微的跡象，試圖說明一切。

記得有一次帶幾位朋友去接引導神，在拜拜時有位大叔偷偷把我拉到一邊說，他剛才感受到神蹟，後頸像觸電般的給扎了一下，他要我幫他問神是否要給他指示？

我要他帶我到他剛剛跪拜的地方，這時我抬頭朝廟頂看，頂中央掛著一環大盤香，燃燒過的香灰時不時的往地下墜，剛好落在他後頸，使得他有觸電的感覺，我指著香環讓他看，他得知原因後眼神中流露些許失望的樣子，我安慰他神蹟必定出現在你所求的事物上，神尊是不會拿這種小事提醒你的。

38 如果拜拜心願實現卻沒有還願，會被懲罰或變倒楣嗎？

傳說中向神許願一旦達成心願就要履行你的承諾，否則就會被神催索，這事兒好像有那麼一回事。

話說大家樂風行的年代，我的兩位老姨媽也異想天開學人簽阿樂仔，那時聽人說某間廟的三太子明牌很準，因此也跟著去拜三太子，並許下承諾，如果有中獎就請一團歌仔戲答謝三太子。結果那次開獎她們果然中獎——兩百元，兩人面面相覷哭笑不得，對三太子的承諾自然也就沒放在心上，但自此以後兩位老阿姨不是常做惡夢就是久病不癒，後來經鄰家提醒，才懷疑是不是三太子的願沒去還？但話說回來，區區兩百元怎麼夠請一團歌仔戲？情非得已之下兩人用兩百元買了兩隻扇子四條彩巾，在三太子面前披披掛掛搖搖晃晃的唱了一下午的十八相送才算還願完畢。但說也奇怪自此以後不做惡夢病也不藥而癒。

此後她們還是會去找三太子簽牌許願，但她們學聰明了，會先說好中多少錢三太子才有歌仔戲看。

據說泰國的四面佛也很重視還願這件事，因此廟邊隨時等候著舞伎供還願的人雇用，另外也出租道具戲服，提供像我兩位老姨媽中兩百元的人租用。

在我的書中雖無數次的提及「許願」和「還願」的重要，但並非教大家去對神尊承諾捐龍柱或是巨額獻金，**最好的許願應該是：「若蒙神恩庇佑，必當宣揚神威行功造德，答叩天恩。」**宣揚神威是對神恩最好的回饋，就好像你吃到一家非常好吃的餐廳，就會又拍照又打字的上傳臉書，巴不得全天下的人都知道你吞下了大羅仙丹，並且極力推薦大家此生都得去吃一次！用這樣的心情去宣揚神威就是最佳的還願，當然，行有餘力也要飲水思源，爲了神尊的千秋大業，自當竭盡心力的護持該廟。

說到許願也順便說一下「天命」，許多人到宮廟問神，宮廟的師父總會指著你搖頭說：「你是帶天命，這輩子要來還。」很多人聽了之後就像有聽沒有懂，再進一步問師父，師父就支吾其詞的說：「阿就是要出來修、出來做、出來磨……反正你就跟著我做就對了啦！」說了老半天也沒把天命解釋清楚就一語帶過。

天命也是許願的一種，佛教語言來說就是「發願」，不管許願或是發願，從前世發願未實現而到今世受願力催索，這種事情就稱爲「天命」。例如很多人求桃花姻緣未果，一問之下發現她們前世都修觀音法門，巧的是今世她們也都拜觀音，修觀音法門通常都會修「白骨觀」，就是觀想世間男女不管美醜，死後都是白骨一堆，藉此來收攝欲望之心不染塵埃。有人精修觀音法門而證印觀音道，但更多的人修到一半就凡心大動半途而廢，但因入道之前即已發願誓修證果，就算妳後來半路潛逃來到這一世，但已發的願力卻始終如影隨形，影響了妳想幸福過一生的願望。於是妳嫁不掉或遇到同床異夢的伴侶，因此憑著曾經依賴宗教的前世記憶，妳又走進宮廟問神：「爲蝦米啦？」宮廟裡的師父就說：「阿妳帶天命啦，要修啦……」

許願也好、帶天命也好，把它還掉就好，沒有大家想的那麼神祕或是恐怖不可解決。這時你得去找你的引導神幫你處理還願還天命，就像不懂事的小孩在外滋惹事端，不可收拾時還是得回家找爸媽帶你去登門道歉。

人不管有沒有拜神總有倒楣的時候，正巧發生倒楣的時間剛好是在你沒還願之後，於是你的罪惡感觸動你明知該去還願而不去還的良知，所以才產生被懲罰的臆測。不管是不是這樣，去把該做的做一做，讓心上的大石得以落地，你就不會怪東怪西怪神明了，心胸坦然後自然人就自在平和了。

39 若是家人朋友運勢不順但又不願拜拜，自己可以代為祈求嗎？

俗話說個人造業個人擔，就算是關係再好的家人朋友，在他鐵齒不願拜的前提下，即使你疼惜的代爲祈求也達不到應有的效果。原因在於拜神需要誠心和懺悔心，你好意幫家人朋友祈求，但他們並不領情，神就無法憑藉他的意志與他的業力協商，於是事情又回到「神佛不破因果」的條律上。

進一步來說，你的家人朋友不願意拜神祈求，而你越俎代庖求神幫忙，如果業力冤親債主要你代償欠債，難道你也願意兩肋插刀在所不惜？

宗教常說神佛悲憫看待世間人，爲何用「悲憫」二字？有句話說：「菩薩畏因，眾生畏果。」菩薩知道不當之因必得不當之果，因此收攝身心小心翼翼不染一絲塵埃，眾生不知後果只圖眼前愛慾，最後縱身火海無法自拔。

神尊萬法齊出唯望眾生迷途知返，但接受因果之說的人寥寥可數，神尊既要幫你未雨綢繆苦口相勸，又要忙於幫你亡羊補牢，忙得不可開交又心急又無奈，最後只能悲情眾生憫恤哀憐。爲什麼釋迦牟尼的一滴眼淚化生千手千眼觀世音菩薩？爲什麼觀音的一滴眼淚化生天上聖母（雖然是神話）？那是因爲眾神之法再也抵不住伸手求援的芸芸眾生，於是需要化出百千億分身聞聲救苦。

有沒有信仰是個人的自由，但眞理的存在不會因你的信仰與否而消長，佛渡有緣人，不能接受的無緣之人，神佛縱使再神通廣大也愛莫能助。

雖說不能幫家人、朋友代辦，但也不是那麼硬梆梆的固不可通，有幾種情形還是可以變通的。例如：家人、朋友身染惡疾無法自行起身求助神明者；另一種是爲人子女者爲父母辦理求壽、三赦、消災解厄等事情。俗話說：孝能感動天，賢孝子女「孝能」啟動時，不僅能感天動地，連諸神都要禮讓三分。

話說當年的目蓮救母，如果不是他的一片孝心驚動天地，他又如何能夠一柱錫杖劃破地獄門救出他的母親？

40 每次拜拜都要準備稟文嗎？

我們可以先想像一個畫面，假設你要去銀行或政府機關辦事，首先要做的是不是先填申請表格，然後工作人員才能受理你的案件？入廟拜神的道理也是一樣，你為了你自己的事情入廟請神幫忙，為了表達你自己的誠意，並且謹慎的看待此事，行文具表不但是個程序，也是自我尊重的表現，很多迎神廟會、道場法會不也是上稟疏文奏章以示慎重？

求神時對於你自己的事情若是抱著輕率潦草的態度去辦，通常所得到得效果也是差強人意，不要怪神不靈驗對你不公平，而是你一開始就不把自己的事情當作一回事，難怪神也對你敷衍了事。要知道你的心念有多強，神就會回饋你多少的神威，神蹟的顯現通常是以你的信念有多少而決定。

就像本書先前所說的案例一樣，神對祈求者說：「你今天來求我救你，那我要反問你，此生你做了哪些好事值得我救你？如果你可以提出你此生做過哪五件好事，我也可以相對的補你五個好運。」你也許搔破頭都想不出你曾經做過哪些好事，但相對的在此生中，你是否曾經用一種恭敬的心尊重過你自己或是其他應該尊重的人事物？

神不一定需要你的好事，但祂需要你的心，你的心如果是澄明透徹，足堪人神共鑒，那麼即使你無功無德，神尊也願意神光披注讓你輕鬆解套。因此在每一個求神的過程，你並不需刻意的吹毛求疵，但恭敬的心和如法的程序是必不可少的，因爲這是尊重神也尊重你自己的一種表現。

41 所謂的「發爐」代表什麼意思？

當我還是少年的時候，爸媽有次請了一位法師到家中安奉祖先牌位，法師點了一大把的香，腳踏七星步又唸咒又畫符，把香插上後轉身對我父母說，等一下祖先來時會「發爐」，如果沒有「發爐」就要擇期再辦。

約莫十來分鐘祖先牌位的香爐果眞「發爐」，整個香燃起火焰，引來眾人驚嘆不已。這時法師打緊掐法印，要我們大家跟著他唸，法師先唸：「祖先發爐旺子孫，子孫有發嗎？」我們則跟著唸：「有發喔！有發喔！」接著法師再唸其他吉祥話，我們則順著他的話做正面回答，一場請祖先的儀式才終告圓滿。

當時年少的我將一切看在眼裡，心裡很清楚把一整束的香支密集一起插在香爐中，熱度持續增高，怎可能不發爐？但當時年紀小，這種污蔑性的質疑是不能在神聖的儀式中提出的。

但我心裡一直很清楚發爐是怎麼回事，若說這是一個哄人的伎倆我想也不爲過，但若是出自善意也是可以接受的。

會發爐的原因除了上述香支密集外，另外還有兩種自然原因也會造成發爐。一是香爐內留有過多的香腳沒有清理造成火燃；另一則是香灰下埋有未清理的香腳因此遇熱燃燒。除此之外的發爐都屬於魔術而非法術。

但也有眞才實學的法師，透過他的掐指持咒，而使得三炷香憑空燃火。我曾有幸目睹一位老師父做過此法，眞的讓人嘆爲觀止，我請老師父教我，老師父要我發誓貧、孤、夭才能入門學法，我心想貧、孤、夭比發爐更可怕，還是當個安靜的觀賞者就好。

42 老師書上寫求姻緣可以找金母娘娘，為何不是拜求月下老人呢？

要找金母或是月下老人求姻緣，這是看個人意願，就像你要看黑白電視或是彩色電視，這也是悉聽尊便，並沒有硬性要求一定要找月下老人或金母，筆者只是基於經驗累積，提供給讀者另一個選項而已。

43 家中長輩沒有祭祖習俗，會不會影響家中運勢？

逢年過節，家中若是沒有祭拜祖先的活動，不一定會影響家中的運勢。但反過來想，如果你是擔心家中運勢不好，所以才勉爲其難的祭拜祖先，這樣也失去敬拜祖先的根本意義。

家中沒有祭拜祖先的習俗，通常是因爲家中的掌權者信奉他教，認爲祖先已經進入該宗教的天堂或是淨土。另一種原因是居住在高樓大廈，以不方便爲理由不在家中供奉祖先牌位等等因素。

天主教初入中國時，原本也是以聖母瑪利亞爲信仰核心，但後來天主教發現中國人懷有愼終追遠的祭祖習俗，所以在後來的教義中，也入境隨俗的舉香祭祖，這是一種非常良性的宗教文化融合，後來天主教在中國傳法也因此獲得許多人的接受與認同。

朋友的母親早年崇尚道法，因此也跟著其他人一樣祭拜祖先，祈求祖先庇佑子孫。有一天噩耗傳來，先生死於一場意外災難，朋友的母親從此不再祭祖，她覺得祖先並沒有庇佑到她的丈夫，於是她後來改信基督教，她天眞的以爲她改信主耶穌後，祖先們都被接往耶穌腳下普得永生。同時她也改嫁另一位丈夫，由於她內心一直無法淡忘前夫，常因此事與現在的丈夫不斷口角爭執。

前幾年現任的丈夫也病故，此後她的精神又陷入不安中，她一直擔心死去的丈夫會冤魂不散的來把她抓走，因此她不但祈禱主耶穌救贖，也三不五時的燒紙錢給亡夫，搞得自己心神渙散寢食難安。

對於自己的信仰理解不夠深入、不夠堅定的人，往往如風中柳絮般的搖擺不定，甚至疑心生暗鬼精神飽受折磨。姑且不將它理解爲懲罰論，如果站在敬拜祖先的立場來想，祖先如同我們現世的父母，當父母年邁之後，有良知的我們難道會過河拆橋的把父母送往他處？大部分的祖先都喜歡跟家人、子孫住在一起，這是不容否認的事情，如果你也是爲人父母，相信你也會期待有一天子女長大成人，能得到他們的奉養吧？祖先的想法也是如此，因此站在祖先的立場，假如他們有任何的功德，他們也很願意分享給子孫。

有些宗教家在解釋「三魂」時，認爲人的三魂分別是：生魂、覺魂、識魂，這三條魂在人往生後，會分別盤桓於墓地、家中牌位以及等待輪迴。但在我的經驗中，三魂其中的一魂並不僅僅只是等待輪迴而已，如果祖先生前有功德，不僅是在家中守護子孫，也會提升爲神格繼續往靈性之路精進，因此才有能力庇佑子孫。反之，祖先若是無功無德甚至做了惡事，這時就需要子孫的救贖，因此，你可以發現家中有供奉祖先者，大部分都是基於愼終追遠的心守護自己的家族，而不是擔心不拜祖先會有禍事臨頭的考量。

對於居住在都市高樓大廈的人來說，逢年過節祭拜祖先的確是件挺麻煩的事，在此不得已的情況下，一般都是建議把祖先請到廟裡祭拜。例如有位台商朋友，長年奔走於台海兩岸爲工作打拚，雖然有心供奉祖先，但又迫於現實無奈無法按時祭拜，心裡頗有罣礙，於是我教他如果人在上海時，不妨把祖先請來廟裡祭拜，不用擔心海峽千里祖先如何跨海而來，在無形界沒有時間與空間的隔閡，憑著你的誠心呼請，祖先與你近在咫尺。

若是因家運不佳而聯想到是否沒有祭拜祖先，這是不需有的顧忌。但基於前面所說，假若家運不濟眞的與祖先有所關聯的話，十之八九的原因是因爲祖先也受業力干擾，需要陽世子孫的救助。曾有人抱怨祖先如果有難，直接用說的就好，爲什麼還要把子孫折磨得死去活來？這個觀念也不是頂正確的，要知道祖先與子孫間是一環家族共業關係，祖先積德福蔭子孫，這就是一個共業關係；祖先缺德禍延子孫，這也是一個家族的共業關係，只是大部分的人喜得祖先餘蔭，嫌惡祖先債留子孫。按此來說的話，現在的你如果不行功積德，以後不但沒有能力福蔭子孫，甚至還會被子孫責怪不良祖先的你。

孩提時鄰居家的老婆婆總是逢人就埋怨她的媳婦不孝，她的媳婦氣不過，也常常與老人家還嘴對罵，婆媳之間時有爭執。鄰人總是認爲年輕的媳婦不該這樣對待老人家，但年輕氣盛的媳婦全然不當一回事，有一次她倆又吵起來了，婆婆咬牙切齒的說，她就是死了也要詛咒媳婦不得好死，媳婦立刻還嘴叫婆婆快去死，過沒兩天老婆婆眞的死了，那晚我家的狗吠了一整晚。

數十年過去了，當年年輕的媳婦也已經六十多歲了，先生在三年前因早發性老年癡呆症住進療養院，子女各自成家立業，家裡就她一個人，去年她檢查出罹患大腸癌，接受治療後在家休養。早前據說還到子女家去，但沒幾天她又回到自己家中，偶爾跟鄰人聊天，說到兒子、女兒、媳婦對她的不孝，每個人都說工作繁忙無暇照顧她，說著不禁悲從中來放聲大哭，一方面她自己罹患重病有心無力，二方面她又放心不下療養院的失智丈夫。

有天晚上社區裡的狗吠聲此起彼落，隔天這個媳婦沒再走出家門，一周後女兒回家探望她，才發現她已經氣絕多時，就在狗吠聲不絕的那天晚上。

家人與家人之間原本就存在業力關係，如果不能體會這層看不見的關係，長輩與晚輩之間就會產生意見差距，平輩之間就會爭執不休，婆媳之間也會彼此明爭暗鬥。古人說：家和萬事興，唯有了解家族的業力結構關係，彼此互助、互諒、互相珍惜，才能共同扶起光宗耀祖的家族大業。

家運不濟通常是先從家人溝通不良、各行其事開始，之後再由家中的成員與外界接觸，形成惡性關係之後，於是產生家人先後過世、家業散盡、某事不利、婚姻失調等等的業力問題。如果這些問題無法透過個人的能力解決，便只好從「祖德」來探討問題始末，因此又回到了：祖先積德福蔭子孫，祖先無德禍延子孫的起點上。

祖先積德福蔭子孫，莫驕奢，福報總有用盡之時，應該再繼續發揚祖德，讓你的下一代也能享受祖蔭；祖先無德禍延子孫，莫自餒，先幫祖先

44 另一半一天到晚外遇，可以斬他（她）的桃花一絕後患嗎？

當前「小三」盛行於世，讓每位「正宮娘娘」寢食難安，於是各種斬桃花的招術齊出，無非就是要將小三置之死地，讓「不良老公」重回家庭行伍。

小三有空間存活的原因有很多：社會價值觀的改變、家庭教育的漠視、夫妻相處之道的良窳、人心物欲化的空虛等等。在大陸流行一句戲謔語：「沒有拆不散的家庭，只有不努力的小三。」這句話點出當前婚姻制度的威脅性，也點出小三即將被正常化的危機。

一般的所謂斬桃花有各種套路，例如帶著先生的衣服到廟裡做法，或是將先生的衣服放進冷凍櫃冰凍，更極端的還有下符施咒。幾年前一位在大學當教授的太太，因為極度不滿同為大學教授的丈夫無數次的桃花累犯，憤而以水銀入菜偷偷餵食丈夫，意圖使丈夫無法人道彼此玉石俱焚。後經丈夫發現告上法院，從此白髮夫妻恩斷義絕法庭相見，所謂的高級知識份子猶此，更何況一般的家庭主婦？面臨此問題時，不惜耗費巨資也要將小三打入十八層地獄，救渡丈夫重回人間。

在所有的業力中，感情的業力是讓諸神最爲頭痛的問題，夫妻之情若是憑藉前世的因緣而來，當法律認定你們之間的婚姻關係之後，男女雙方本應信守婚姻的承諾，共同經營未來的婚姻家庭。但此時若其中一方定力不足，再次遇到前世的另一條因緣到來，受不住欲望的驅使，往往漠視原本的婚姻承諾，迷惑於短暫的激情中，身爲婚姻關係中的合法人，在察覺蛛絲馬跡之後身心倍感威脅，於是傾全力對付外來侵略者。

雖說「斬桃花」是現行於世的普世概念，但是若再進一步深思，婚姻上的情感問題也牽繫著家庭未來的和諧，假如斬桃花有效，但斬了這個小三，誰又能保證不會有另一個小三出現？另外的問題是彼此一旦產生了嫌隙，情感的裂縫要怎麼彌補？從此夫妻形同陌路還是同床異夢共度餘生？

或許一開始只求達到目的不計後果，但目的達成後，家庭的親情該如何維繫卻變成另一道更難的課題。

如果說今世的夫妻關係是前世百年修來共枕眠，那麼面對小三的問題時，用斬桃花的方式並不是最妥善的方法，因此我總是建議用「婚姻提列法」修補彼此共同的婚姻業力。

男女結為夫妻成就互補業力，在因果論來說，是彼此聚集了「恩、怨、情、仇」等因素，於是情難捨、愛難拋，成就了今生的姻緣。以前面所說的「恩、怨、情、仇」來說，夫妻之間能互相扶持相守到老，皆因恩與情多過仇與怨，恩與情濃郁就能感念糟糠之妻廝守到老；仇與怨過盛就會尋求外緣以做彌補。按照這個理論來說，只要降低夫妻間的「仇與怨」，提升夫妻間的「恩與情」，彼此感念對方的善意，企求回歸家庭的心思出自彼此意願，如此一來妻子不計前嫌、丈夫矢志回頭，雙方都願意從頭來過，這樣豈不是比斬桃花更圓滿？

「婚姻提列法」是從夫妻、家庭間的業力入手，用釜底抽薪的方式，讓彼此的靈體在不自覺的情況下，自然的回到過去鶼鰈情深的記憶，而在仇怨業力化清時停駐恩情。要做「婚姻提列法」不需假手他人，可以按照個人地赦的方式，請引導神做主化解夫妻業力，通常三次後則見奇效。

45 女性離婚後還可以拜娘家祖先嗎？

從漢族的家族觀念來說，嫁出去的女兒潑出去的水，不管離婚與否都算與娘家業力無關。雖說曾在娘家受父母養育之恩，骨肉手足之情無法割捨，但在約定俗成的既有傳統中，女人一旦因結婚而進入另一個家族，不管離婚與否，從此便與夫家關係結下不解之緣。

每個地方的風俗不同，不管已婚或離婚的女子，若要返回娘家祭祖，總要經過夫家或娘家的同意較爲圓滿。有時夫家的人會有回娘家祭祖，會把夫家好運帶回娘家的觀念；或是娘家會認爲出嫁女子返回娘家祭祖，是要把娘家的福報「挖」回夫家。雖然這些都是謬論，但大都已深植人心，爲了避免傷了彼此和氣，總是要先考量這些風俗上的忌諱才圓滿。

女性離婚後不管有沒有再嫁，都不容易再回到家族中，這是從家族祖先的角度來說，當然現在也有很多人離婚後返回娘家居住，這是隨各家觀念而定，但離婚女子首先要做的是在離婚後，要記得向夫家的祖先告辭，稱為「辭祖」，表明離婚原因以及未來男婚女嫁各不相干。但若是有離婚女子帶著兒女離開夫家，也要向夫家祖先稟明代為撫養夫家子孫，請祖先庇佑夫家不養的子孫未來能夠一切順利。

離婚的女子若是要返回娘家祭祖，一般都是以「報恩」的方式進行，一來可免於有風俗忌諱的娘家人臆測，一方面又能達成祭祖的目的。

46 夢是神尊的啟示？

夢是「神」的啓示？我想是的！但若說夢也是「靈」的啓示，那會更接近標準答案。至於它是啓示或是誘惑則要看你如何取捨。

之前曾收到一封來信，這位讀者夢見一位神祇，自稱是她的引導神，並且囑咐她改掉現有名字，她夢中初醒驚喜萬分，認爲是前世修來的福氣才獲得神諭。

但我看了她的「引導神」給的名字，一眼就覺得過於生僻冷門，不管名字的五行結構如何，已經違背了取名的忌諱，她醒來後便擲筊請示她家中的土地公，是不是土地公來托夢？結果得到三聖筊，於是她來信問我這樣算不算接到引導神？

除了她之外，還有其他人也遇到諸如此類的事情，其實這是一個信念問題，假如你非常篤定的確信神的托夢是千眞萬確之事，那就應該堅持自己的信念，否則怎能與引導神之間產生能量交流？

而我這裡只能提供辨識的參考條件，最後的決定權仍然在自己手上。首先要說明的是你必須很清楚的了解你爲何要找引導神？是因爲你想幫你的引導神做功德，先助祂提升神格再幫你，或是你想找已經具有功德的神拉你一把？這是兩種不同的概念，前者是同甘共苦，後者是借力使力。

大凡宇宙萬靈都想超脫靈界進入神界，但靈體要轉換爲神體，必須透過肉體做媒介，所以靈體們總是在找尋適合的肉體，企圖通過肉體直趨神體。當它找到一位適合的肉體時，它必須先獲得本人的同意，才能與那人共用一個肉體，達到修行提升的目的。假設有一位狗的靈體找到你，想要跟你共修，但它不能跟你說它是狗靈，爲了得到你的首肯，它就會騙你它是某某神，要助你一臂之力，你受此榮寵焉有不接受的道理？

佛法的修爲中早就已經注意到這一點，佛法修行極力杜絕通靈一事，也是擔心眾生們迷惑於此誤入歧途，因此才有「佛來佛斬、魔來魔斬」的說法，又說：「一切有爲法，皆是虛妄」。釋迦牟尼在一千多年前就已經發現了這些問題，因此才一再告誡門人不可執著於外相免得著魔，但釋迦牟尼本身卻是一位通靈者，因此他才能頂上放毫光，一照十萬八千里，也能憑著他的通靈能力，告訴眾生們每一位神佛「修證得道」的故事，讓眾生們心生旖旎繼而學習仿效。

但釋迦牟尼畢竟在菩提樹下悟道九年，在此一過程中，想當然耳也經歷諸多魔考誘惑，最後才從諸多正邪能量中，提取諸佛正等覺能量傳法於世。如果你自認你已如釋迦牟尼般可以深深明辨，那麼就可以接受諸靈邀請與靈共修，但於我而言，在只修「今生富貴」的基礎上，隨便一個夢就接受靈體的邀請，那無異是極大的冒險，甚至失去的會比獲得的更多。

許多靈山派的師兄、師姐們，爲何一修經年仍然一無所獲，就是犯在這個問題上而不自知。但從一開始出書教大家拜神時，書中所寫全然與「修行」無關，只是教大家如何學會使用正能量，而不是一味不知所以的打坐念經。

在拜神的過程中會讓你產生許多心領神會的感觸，一方面達成你想要的願望，更深一層來說也會達到「不修而修」的境地。當你知道諸惡爲業障之因、諸德成就福報時，你就懂得珍惜自己、尊重他人，也懂得幫助自己扶助他人，諸惡不做、眾善奉行，如此一來生生世世就不會有業力的催索問題。

請大廟的神做爲你的引導神，就是要幫你規避他靈入侵的最好方法。這有點類似密宗的「本尊法」修行，只是請引導神的目的是接回累世功德修行今世，而不是放棄今世財物請本尊護持來世成佛，這兩者間有很大的區別，但最後仍是殊途同歸。

之前有個朋友跟我說，他幾乎每天晚上夢見他的引導神來找他，然後就帶著他上山下海去幫需要救渡的孤魂野鬼。他很自豪的說，每次做到這種夢的隔天，他店裡的生意就特別好。但我舉例告訴他，這就好像你有一筆存款，你那不知名的師尊就帶著你去提款當散財童子，如果只會提款不懂存款，最後存款花光了又得重來一次。

剛開始聽我這番話時，他覺得我是在潑他冷水，因此仍然執拗的認爲他是在做好事，對我的話不置可否。近兩年我們沒有再聯繫，有一天聽某一位朋友提起他，說他原有的兩家店已經盤給別人，自己現在正在找工作。問他爲何經營不善？朋友也說不上來，店倒了不能理解爲是當時他夢中去「做善事」的原因，這樣的推論過於武斷，但幾天後，倒店的朋友聯繫上我，說他已經賦閒許久，囁嚅的問我該怎麼起死回生？我建議他去找大廟的引導神稟明此事，再請引導神將之前夢中所做的事情重新接回，成爲自己的功德，並請引導神做主與外靈劃清界限。

這樣逐一處理之後，他的工作已慢慢回歸正常，而此後對於夢中所見，他也體會出「佛來佛斬、魔來魔斬」的道理了。

夢總是眞眞假假、虛虛實實，如果你有釋尊般的定力，不爲欲望夢想所羈絆，那麼你就能如釋尊般擁有大神力，可以明辨眞實虛妄；但若是你希冀神祕刺激而誤以爲得神人相助，卻又無法判斷虛實，還不如老老實實的去請大廟的神尊相助更妥當。

47 神的存在就是為了幫人解決問題，不是嗎？

人在無助時，總是希望身邊有一股力量，能在瞬間扭轉一切不如意的情況。但我們心裡都很清楚，自己的困難很難在一朝一夕間獲得解決，然而我們卻天眞的以爲神可以幫我們這麼做，因爲我們都相信「神蹟」，於是把我們出的錯強加於神的身上，並且認爲祂如果不顯靈幫忙就代表祂不夠慈悲。

如果你是這樣想的，那就眞的曲解了神意。眞正的神祂並不是爲了幫你解決問題而存在，如果神格的提升是以「功德」爲前提，那麼不問青紅皀白的給予有求必應，則是神失職之處，但某些問題的確可以請神尊當下解決，例如病症的處理，往往能得到神速的效果。除此之外，都需要時間的促成，例如工作、事業、錢財、姻緣等等。

除了時間的因素之外，另外一個原因是神尊必須在一個既定的事實空間內，讓你體會到事件本身所發生的意義，當你獲得這個體會後，**憑藉自己的力量去修飾彌補、進而得到你想要的結果，這才是神能發揮力量的真正價值。所以拜神不是請神幫你解決問題，而是請神教你怎麼看待問題，進而以自己的力量化險為夷。**

我的朋友張小姐原本在一家小型銀行工作，但她一心想去她心目中理想的銀行上班，於是經常到廟裡求神幫忙，每次擲筊都得到神尊應允的筊杯，但等了近一年仍然沒有消息，她不禁心灰意冷，開始對拜神興趣缺缺。

隔年，張小姐卻收到應徵銀行的通知書，邀請她再去面談一次，面談時銀行也誠心的表達歉意，這次的面談雙方賓主盡歡並確認好正式上班的時間。

面對這突如其來的好事，張小姐有些喜出望外，又到廟裡向神明道謝，沒多久就到新公司走馬上任。透過公事的往來，張小姐認識了另一家同位階的同行，相談下張小姐才知道她接的職位原本是這位同行的，同行本來一年前就要離職，但因新工作的原職務人，因涉及職務官司不能離職，直到官司處理好離開公司，同行才順利的就任新職，而她也才能接上這份新工作。

張小姐暗自算算時間，正好是當時神答應讓她有新工作的時間點，但縱使神威赫赫，神明也不能因張小姐來求祂，就不管他人的人事問題，還是必須等外在環境安排就緒，才能幫你圓滿所求。張小姐體認到這一點後，若有所感的說：「原來神比人還忙，人只顧著自己的事，神不單要幫人還要顧全大局。」

同樣的事情也發生在另一個上海人身上，他因得神尊指示，意外的獲得一張本業之外的訂單，如果有談成，淨所得將是他本業全年收入的三倍，因此在還沒入袋為安之前總是忐忑不安，再三請示神尊確認後，神尊說兩個月後就會有消息，連時間都說出來了，得失之間更叫人坐立難安。

好不容易等到兩個月後，依然等不到客户的簽約消息，每次去電詢問，對方承辦人員也滿口說沒問題，但這麼大一筆金額直教人放心不下。又過了三個月，他決定親自從上海去北京查探虛實，到了北京之後才知道對方的合約早已在三個月前簽妥，巧合的是簽署的總經理因升職被調離開中國，新的總經理又未到任，這宗文件便被一直被鎖在抽屜裡。更驚險的是在這一段時間內，另有三家大公司透過各種管道，無所不用其極的要搶這項案子，若不是這件案子的合約書被鎖起來，需等新總經理上任定奪，以他本身並非這行的專業，如果眞要競爭起來絕對不是人家的對手。

承辦人員要他安心回上海等待消息，有了對方的口頭保證之後，他心上的大石總算落下來，回程的路上他思前想後，憑他的資歷實在不足以拿下這個案子，若眞是被人搶走他也無話可說，想想還是順其自然就好，根本不用像之前瘋了似的，所謂「得之我幸，失之我命」，此行他得到了啟發，心寬了人就輕鬆了。

一個月後新的總經理到任，重新與他約好見面簽約時間，新總經理側面了解雖然雙方合約尚未正式啟動，但他已經先花費一筆資金雇人將材料保護妥當，對於他這自告奮勇保護業主權益的行爲，新老總表示讚賞與感謝，除了原本的案子之外，另外又與他談起其他合作，這不禁讓他喜出望外，並且感嘆神蹟的安排眞是巧奪天工令人讚嘆。

神的旨意大部分都是賦予「機會」與「佈局」，然後就功成身退看你如何面對祂給予的機會。守株待兔的人很難體會神意，往往錯失良機，積極正面的人很自然的順勢而爲，因此他不僅獲得神意的幫助，同時也從中學會比成功更珍貴的經驗。

48 什麼叫「卡陰」？

「卡陰」又稱爲「撞邪」、「著魔」，它的形式有很多種，發生的症狀也有所不同。一般陰氣較重的地方，較容易發生卡陰的情況，例如：墳場、墓地、靈骨塔、佛寺、兇案現場、車禍地點、夜店、河邊、森林、廢棄屋……舉凡所有陽光照射不到或是陽氣弱、陰氣強的地方都容易招陰。人的身上如果陽氣弱時，便容易在這些地方沾染陰氣，導致邪氣上身，人便會產生一連串「邪門」的事。

這些邪門的事情包括自己知道卻不知如何是好，以及自己不自知，旁人卻覺得有違常理的事情。

有一天，有個老婦人抓著一個女孩的手衝進廟裡，老婦人自稱是女孩的阿姨，不顧女孩的掙扎，劈頭就對廟裡的道長說，她姪女中邪要驅邪。女孩神情極爲不悅的反諷阿姨才中邪，阿姨不管她的反抗，逕自的說姪女狂悲狂喜又張牙無爪，不是撞邪怎會做這些讓人無法理解的事情？

彼此雙方爭執不下，一旁的道長也看得一頭霧水，不知如何開解這個場面。我斜睨了女孩一眼，很快明白女孩是中了「喪煞」，一般中了喪家的喪氣，臉上會有一層黑氣罩住，尤其是眼眶四周會有淤青的顏色。另外，這女孩的眼神呆滯（也有可能服用違禁藥物），手背上暴露青黃色的血管，手肘交界處有些許黃色斑點，顯示女孩的夜生活頻繁陰氣過盛。於是就問她是否最近有參加親友的喪禮？她想了想篤定的說沒有，我又問她是不是有見過他人的遺體？她又想了想，想了好久才說兩個多月前，她住的社區裡有個女孩跳樓，她曾和朋友一起圍觀。我再問她當時有說什麼話？她說，當時她有跟朋友說，不過就是爲了個男人，死有餘辜！

聽似不經意的一句話，這女孩因此卡上了陰煞。後來經她同意之後，請神尊幫她化解喪煞，據說那天回去後，女孩睡了一夜好覺。

一般卡陰不管輕重都會有以下現象：失眠、多夢、注意力不集中、說話容易跳離主題、焦慮易怒、白天體力衰弱，晚上長夜不寐等等，症狀不一而足，有些更嚴重的甚至罹患怪病，醫生束手無策。例如有些人出遠門後突然發高燒不省人事，台灣有幾宗類似的名人事例，他們的家人都是從大陸返回台灣後病發並且相繼死亡，醫生認定是感染罕見病毒，但從靈學的角度來說，應該是歸咎於卡陰和業力問題，雖然無法證實靈學的論法，但從幾宗治癒的案例來看，靈學說不應被排除在救人之外。

一般輕微的卡陰可以到土地公廟，用紙錢請土地公幫忙送「外陰」。方法很簡單，只要準備廟金三份及三十小支的刈金，在土地公面前稟報你的姓名、出生年月日、住址，請土地公做主幫你送外陰即可，三份廟金是答謝土地公用的，三十小支刈金是給外陰的。

卡陰與因果業力是不同的，因果業力如同債務關係，卡陰如同不期而遇的意外事故，只要當下解決，彼此兩不相欠就不會有糾葛。但有時卡陰也是靈界求救的一種方式，就像你走在路上有個乞丐來跟你要錢，你給了他就不會一直跟著你。

若是較嚴重的卡陰，就需要找法師個別處理。較嚴重的卡陰很少有猛爆型的，通常都是在不自覺的情況下日積月累所得，等到察覺時往往已發展成棘手的程度。這種狀況通常就會伴隨業力的時間點一起發生，因此發生時你會覺得特別嚴重，例如生命受到威脅、錢財轉盈為虧、工作事業積弱不振等等。

與其等待重大危機出現，何不平常就開始維護自己的靈體？例如一年至少兩次的「三赦」也含有送外陰的效力。神威的慈悲就是當你在辦理某一件事時，類似的事情祂也會幫你一併處理，對我們的物力、人力來說相對減少很多付出。

但最基本的做法是容易卡陰的地方少去。例如夜店龍蛇混雜之處，通常是雜氣最多的地方，雖然氣氛熱鬧燈紅酒綠，但你看不見的危險也同時存在，飲酒作樂的人不可不防啊。

49 拜神該具備什麼樣的態度？

許多人都深信求神拜佛能夠獲得庇佑與祝福，但是若能具備正確的拜神態度，透過姿態與心意的傳遞，更能接應神佛的能量，而使得你想祈求的事情更快心想事成。

拜神貴在心誠意堅，靈驗與否則取決於你當下心念的傳遞，心念一詞若要詳細解說，千言萬語述說不盡。但是透過簡單而嚴肅的肢體膜拜，卻可以在動作舉止間，心領意會出心念機制的重要性。因此，本篇先不談拜神心念，而是先以Q＆A問答的方式，指出正確的拜神態度。

首先你必須自問：「我為什麼要拜神？」

姑且先不論神性為何，當一個人雙腳踩進神壇廟宇舉香膜拜時，大都懷揣著祈願的心情而來，祈求冥冥穹蒼諸神能給予庇佑祝福或是促成。

因此，踏進廟宇時，你必須很清楚的認知到你今天進入廟宇所求為何？是為了找工作、求財運？或是尋求指引理想的美滿姻緣？抑或祈願家人健康等等。

我曾問過許多入廟的人：「你來拜神要求什麼？」他們都會跟我說他無所求，雖然他的神態瀟灑自若，但從他的眼神中，我卻看到空靈與渺茫，於是我知道他為何說他無所求了，因為諸多的教義已深植在他的腦海中：「人間富貴是為空相，皆為煩惱諸源，故應勤修精進，了生脫死超昇淨土……」於是，大部分的人不敢明確的表達出他對人間功名利祿的企圖，甚至不明就裡的產生若有所求即是俗物的罪愆念頭。如此一來，大部分的人就會違心的不敢表達自己的欲望，甚至引用他人之語：「無所求，但求心靈一片寧靜」等等空泛的言詞。

若是此刻你只是想求一個寧靜，相對而言就是現在的你並不寧靜，不寧靜的原因是什麼？為什麼在神的面前不敢表達你的意志，並且請求協助？

如果把廟宇道觀比喻為一間醫院，神案上的諸神就是醫生，你明明就是感冒發燒肚子痛，爲什麼卻要忍著痛跟醫生說：「我沒事，我很好？」如此矯情等同於入寶山空手而回，花了時間跑了一趟，最後卻因羞於啓齒而白費力氣。

在合情、合理、合德的規範內，向神表達你的欲望是很正確的事。求一個健康、求一個工作、求一個愛情……都是很符合常情的事，絕對沒有逾矩之說，除非你所求之事超越倫理之外。

入廟舉香所求爲何，一定要先把它理清楚，確認了自己的願望後，廟裡的醫生（神）才能根據你的狀況給予對症下藥。人求人或許還有點有口難開，而人求神是天經地義之事，不需要有負疚感或是罪惡感。

確認好你此行的目的之後，就可以按照以下的方式進行祈求了。

●入廟拜神的順序

一般的廟宇可區分爲：外爐、正殿、偏殿。外爐拜的是玉皇大帝，正殿拜的是該廟的主祀神，偏殿拜的是配祀神。例如老西門的白雲觀，主殿是拜玉皇大帝，其他偏殿則爲西靈金母、天妃、眞武大帝、關帝爺等等；又如上海長寧區的三涇廟，主祀的神祇是天官、地官、水官，合稱爲三官大帝，偏殿則配祀財神、呂仙祖、三清道祖、天上聖母等諸神。

不論佛教或是道教，在主殿外都會有一個大香爐，主要都是參拜玉皇大帝，主要原因是在道法中，一致認定玉皇大帝統管三界（神界、人界、鬼界），因此，凡是入廟參拜，必先從外爐玉皇大帝開始拜起，依序再是主殿、偏殿。

●香的作用

香是傳達自己的意志讓神得知的工具，等同於是手機的作用，當有事祈求上蒼時，必定點香奉持面對神祇表達心跡。

香的種類繁多，大致上可區分爲臥香和立香兩種。臥香是屬於修行香，是一般的修行者禪定打坐調伏心性用的，因此不具備傳遞功能，上海龍華寺及諸多廟宇大多備有此香。

立香則是多了一截紅色的香腳供人插於香爐上，當心有祈求時藉著裊裊升起的青煙直達天聽，台灣的法師也多將立香稱爲「辦事香」，爲信徒們代求諸事時，多用立香而不用臥香。

奉拜時應該將香點燃，火旺時需用手輕揮，使火熄滅只剩燃點，也不宜沒有點燃就持香朝拜。

香點著後先從外爐玉皇大帝開始拜起，拜時需簡短清晰的表明身份與來意，一般我的唸法如下：

奉香拜請玉皇大天尊在上，過往諸神聖在上，信男（信女）〇〇〇，一九〇〇年〇月〇日吉時生，現居上海市長寧區〇〇路〇〇號〇〇樓，今日良辰吉時前來三涇廟請三官大帝做主尋求工作機緣，在此祈求事事順利事事圓滿。

稟好後插香於香爐內再進主殿，持香面對三官大帝時，則誠心祝禱如下：

奉香拜請三官大帝大天尊在上，過往諸神尊在上，信男（信女）〇〇〇，一九〇〇年〇月〇日吉時生，現居上海市長寧區〇〇路〇〇號〇〇樓，今日良辰吉時前來本廟奉香參拜，在此恭祝三官大帝及案上諸神聖香火鼎盛神威顯赫千秋萬世，並庇佑弟子現今工作運勢平安順利，若蒙神恩定當以聖尊之名行功造德答叩天威。

祝禱完後插香，再循序至各偏殿奉拜，此時的祝禱即可稍微簡單一點，例如偏殿是天上聖母，則可簡單唸誦如下：

奉香拜請天上聖母大天尊在上，弟子〇〇今日前來本廟參拜，在此恭祝天尊香火鼎盛神威顯赫千秋萬世，並以天尊之名共仰神恩同登仙道。

入廟進香朝拜的整個過程大致如上，當然其中還有諸多細瑣環節，但大體來說，若是能掌握住上述的大環節，虔心祈求必能實現「有求必應」的諸神承諾。清楚知道你入廟拜神的目的，簡單恭敬的表述你的心意，則可藉由徐徐青煙上達天聽蒙神眷顧。

50 桃花姻緣怎麼求？

姻緣，若從因果輪迴的角度來看，或可將其視之爲「業力」積聚的一種結果。

夫妻關係不管是從男歡女愛或是媒妁之言開始，最後只要一經法律的認定，成爲合法的婚姻關係之後，彼此間的「業力關係」便正式拉開序幕，即使到了某一天因離婚或其中一人離世，業力關係仍將持續進行。例如婚姻中衍生的子女、彼此對待中的愛恨貪嗔癡等等問題，均將因爲一段婚姻關係而不斷延展業力關係。

業力，並不是一個可怕的名詞，而是代表你與環境中的人事物交流過程中所發生的任何事件影響力。

業力，也可以解釋爲因緣，指一件事情發生的原因，事情發生後的結果大致可分爲兩種：好的業力因緣稱爲福報，不好的業力因緣稱爲業障，宗教的說法將這兩種結果統稱爲「業報」。

未婚的男女到了適婚年紀，苦覓不得適合對象時，大多苦苦求神拜佛，祈求神佛有靈匹配良緣。然而如前所說，姻緣若是業力、業報的總集，那麼有的人雙手合什虔心祈求，靈驗度立刻顯現；而有些人即使一再膜拜卻杳然無音，原因到底爲何？

究其原因，必須回歸到輪迴的體制上，輪迴是一種時間的概念，最長的輪迴是時間的長河從前世流泄到今世，最短的輪迴則是眨眼之間。任何的業報都有時間的順序排列，也就是說，感情的發展過程中，你會先碰到誰再遇到誰，都是在時間輪迴的過程中，早已排好的前後順序，不能掉隊也不能插隊，一切都必須按照業力的因緣順序進行業報。

舉例來說，A小姐早已過了適婚年齡，但一直無法遇見適合對象，直到四十三歲那年，才經朋友的介紹認識了B先生，彼此情投意合從而迅速結婚，從此過著幸福快樂的日子。

A小姐內心最大的遺憾是：爲何這個對的人不早點出現？若能早個

幾年，或許他們現在已經擁有美滿的家庭和子女。但是從B先生的角度來看，那些年他正在經歷一場婚姻的變革，與前妻間糾葛的婚姻關係極需釐清。好不容易總算完成離婚手續，這時才遇見相知相惜的A小姐，在同一個時空下，A小姐在等待對的人來到，B先生做的卻是奮力掙脫前一段婚姻業力，等到時機成熟了，他倆相遇了，旋即展開另一段的婚姻業報關係。

如A小姐的遺憾一般，這段美滿的姻緣為何不能在彼此年輕時就開花結果？回到輪迴的時間論上，各自必須等待各自的其他業力化清之後，才會輪到兩人共同面對時序輪迴中的業力關係。

人們對於美好的事物總是充滿期待與想像，未婚的男子、女子對於婚姻的期盼更是如此。然而，業力輪替必須等待時間到來，並不是想來就可以到來。

明白了輪迴中的業報時間表之後，難道眞的必須虛擲時光空等姻緣？過去的宗教論說：「業力不可破」，以今日的時空來說這句話並非絕對正確。如果業力是一種我與環境的關係狀態，這種狀態本來就存在，實在沒有「破」它的必要；從另一種思維來說，業力不僅不需要破它，甚至應該維繫它、安撫它、償還它，只要能將我與業力間的關係達到平衡的狀態，就沒有破它的必要。

一切的因緣皆因業力而起，假如透過某一種方式，將業力順之、撫之、還之，消除彼此間的借貸關係，那麼，就可以達到業力重整的目的。而一旦達到業力重整的目的，希望早日覓得良緣的男女，就可以跳脫業力的糾葛，從而讓那個對的人提早出現眼前。

此一方法我姑且將它稱爲「姻緣序列重整法則」，透過弭平業力關係，去化不良姻緣的時間點，將原本排在後面的良性姻緣，因惡緣的去化，將之提拉到前面來，如此一來將可大大提升每個人的美滿姻緣概率，如此也才符合「天賜良緣」的說法。

國家圖書館出版品預行編目資料

這樣拜不會錯——解答50個拜拜常見疑難雜症 ／
王品豐著 . -- 初版 .-- 臺北市：春光出版：家庭傳媒
城邦分公司發行，民102.09
面 ； 公分. --

ISBN 978-986-5922-28-3（平裝）

1. 祠祀　2.祭禮　3.民間信仰

272.92　　102013859

這樣拜不會錯（全新封面版）

——解答50個拜拜常見疑難雜症

作　　者／王品豐
企劃選書人／劉毓玫
責 任 編 輯／張婉玲

版權行政暨數位業務專員／陳玉鈴
資深版權專員／許儀盈
資深行銷企劃／周丹蘋
業 務 主 任／范光杰
行銷業務經理／李振東
副 總 編 輯／王雪莉
發 行 人／何飛鵬
法 律 顧 問／元禾法律事務所　王子文律師
出　　版／春光出版
台北市104中山區民生東路二段 141 號 8 樓
電話：(02) 2500-7008　傳真：(02) 2502-7676
部落格：http://stareast.pixnet.net/blog
E-mail：stareast_service@cite.com.tw
發　　行／英屬蓋曼群島商家庭傳媒股份有限公司城邦分公司
台北市中山區民生東路二段 141 號 11 樓
書虫客服服務專線：(02) 2500-7718 / (02) 2500-7719
24小時傳眞服務：(02) 2500-1990 / (02) 2500-1991
讀者服務信箱E-mail: service@readingclub.com.tw
服務時間：週一至週五上午9:30～12:00，下午13:30～17:00
劃撥帳號：19863813　戶名：書虫股份有限公司
城邦讀書花園網址：www.cite.com.tw
香港發行所／城邦（香港）出版集團有限公司
香港灣仔駱克道 193 號東超商業中心 1 樓
電話：(852) 2508-6231　傳眞：(852) 2578-9337
E-mail : hkcite@biznetvigator.com
馬新發行所／城邦（馬新）出版集團【Cite (M) Sdn Bhd】
41, Jalan Radin Anum, Bandar Baru Sri Petaling,
57000 Kuala Lumpur, Malaysia.
Tel: (603) 90578822　Fax:(603) 90576622
email:cite@cite.com.my

封 面 設 計／黃聖文
內 頁 排 版／浩瀚電腦排版股份有限公司
印　　刷／高典印刷有限公司

■ 2013 年（民 102）9 月 3 日初版
■ 2018 年（民 107）8 月 30 日二版一刷

Printed in Taiwan

售價／260元

城邦讀書花園
www.cite.com.tw

ISBN　978-986-5922-28-3
EAN　471-770-290-293-3

廣告回函	
北區郵政管理登記證	
台北廣字第000791號	
郵資已付，免貼郵票	

104台北市民生東路二段141號11樓

英屬蓋曼群島商家庭傳媒股份有限公司
城邦分公司

請沿虛線對折，謝謝！

書號：OC0068X	書名：這樣拜不會錯（全新封面版） ——解答50個拜拜常見疑難雜症

請於此處用膠水黏貼

讀者回函卡

謝您購買我們出版的書籍！請費心填寫此回函卡，我們將不定期寄上城邦集最新的出版訊息。

姓名：________________________

性別：□男　□女

生日：西元__________年__________月__________日

地址：________________________

聯絡電話：______________　傳真：______________

E-mail：________________________

職業：□1.學生 □2.軍公教 □3.服務 □4.金融 □5.製造 □6.資訊

□7.傳播 □8.自由業 □9.農漁牧 □10.家管 □11.退休

□12.其他 ________________________

您從何種方式得知本書消息？

□1.書店 □2.網路 □3.報紙 □4.雜誌 □5.廣播 □6.電視

□7.親友推薦 □8.其他 ________________________

您通常以何種方式購書？

□1.書店 □2.網路 □3.傳真訂購 □4.郵局劃撥 □5.其他 __________

您喜歡閱讀哪些類別的書籍？

□1.財經商業 □2.自然科學 □3.歷史 □4.法律 □5.文學

□6.休閒旅遊 □7.小說 □8.人物傳記 □9.生活、勵志

□10.其他 ________________________

請於此處用膠水黏貼